디깅

단 하나를 끝까지 파고드는 '디거'들의 성장 전략

박치은 지음

디깅

단 하나를 끝까지 파고드는 '디거'들의 성장 전략

DARK
horse

성공은 '될 때까지 하는 사람'에게만
주어지는 월계관이다

대학 시절 남들이 그렇듯 열심히 스펙을 쌓아 대기업에 입사했다. 대기업의 장점인 시스템이 개인의 성장을 방해한다는 생각에 퇴사를 결정한 후, 건축 자재를 납품하는 중견기업으로 자리를 옮겼다. 덕분에 현장을 방문할 일이 많았는데, 그곳에서 적지 않은 충격을 받았다. 조직이라면 정년퇴직을 하고도 남았을 연배의 사람들이 연봉 1억 원을 받으며 현장을 누비고 있었던 것이다.

"기술은 배신하지 않는다"라는 생각에 바로 사표를 던지고 관련 학원을 찾아갔다. 그런데 당시 그곳에는 나보다 역량이 뛰어난 사람이 많았다. 재능이나 스킬을 성공의 기준으로 삼는다면 열등생이라는 꼬리표를 떼지 못했을 것이다. 하지만 성실과 노력으로 매년 발전했고, 매일의 꾸준함이 남과 다른 특별함을 만들어냈다. 끝까지, 될 때까지 파고드는 힘 하나로 독자적 영역을 구축한 유일한 생존자가 된 셈이다.

한 우물을 판다는 것은 삶의 방향성이 설정되는 것과 같다. 군더더기에 신경 쓸 필요 없이 본질에만 집중하면 된다. 매우 효율적이고 생산적인 삶의 방식이다. 잘하든 못하든 한 우물만 꾸준히 파면 '근거 있는 자신감'이 생긴다. 핵심 역량이라는 필살기를 갖추게 되기 때문이다.

일당 6만 원 일용직 노동자를 일 매출 3,000만 원, 연 매출 100억 원 CEO로 만든 것은 한 분야를 파고 또 파낸 힘이었다. 비가 내릴 때까지 지내는 기우제처럼 그것이 무엇이든 될 때까지 해낸 집념이었다. 누군가 적당히 일하고 편하게 돈 버는 방법을 찾아다닐 때 현장에서 몸이 부서지도록 기술을 디깅 *digging* 한 결과였다.

4번 타자라도 모든 경기에서 홈런을 칠 수 없다. 아이러니하지만 삼진을 가장 많이 당하는 선수도 4번 타자다. 오죽하면 메이저리그를 대표하는 홈런 타자 베이비 루스가 "모든 삼진은 홈런으로 가는 지름길이다"라는 말을 했겠는가. 무슨 일이든 일련의 수준에 도달하려면 '시간을 버티는 힘'이 필요하다.

어떤 일이든 그렇다. 최소 3년은 디깅해야 한다. 업종과 직종을 막론하고 기본기를 배우는 3년 동안은 실력이 대동소이하다. 그 격차는 5~10년 후 급격하게 벌어진다.

일당 6만 원에서 월 급여 80만 원을 받기까지 1년이 걸렸다. 월 급여 80만 원에서 연봉 2,400만 원이 되기까지 5년이 걸렸다. 그 시간을 버티는 동안 차곡차곡 쌓인 성장 동력이 어느 순간 폭발하더니 창업 2년 차에 매월 1,000만 원, 5년 차에 5,000만 원이 통장에 꽂히기 시작했다. 시간을 버티는 힘이 없었다면 불가능한 성장이다.

직장에 의존하지 않고 일에 종속당하지 않는 자유를 누리기 위해서는 역설적이지만 인생의 한 시기를 철저히 일에 저당 잡힐 필요가 있다. 얕은 우물은 금방 완성되지만 깊고 넓은 우물을 파려면 그만큼의 시간과 노력이 필요하기 때문이다.

퍼스트 펭귄이 아니어도 된다. 유일무이한 존재가 아니어도 괜찮다. 한 놈만 패겠다는, 한 우물만 파겠다는, 여기서 끝장을 보겠다는 강한 집요함과 집념만 있으면 누구라도 성공이라는 이름의 계단을 오를 수 있다. 성공은 '될 때까지 하는 사람'에게만 주어지는 월계관이기 때문이다.

한 우물을 판다는 건 결국 전문가가 된다는 뜻이다. 전문성은 경험을 축적하고 기술을 숙련하는 지난한 과정 위에 쌓인다. 고통스러울 정도로 지루한 반복을 지속해야만 익숙함을 변주하는 경지에 도달할 수 있다. 100가지 기술을 가진 사람보다 한 가지 기술을 100번 연습한 사람이 더 무서운 법이다.

누구는 출발선에서 포기하고, 누구는 중간에서 유턴한다. 그 순간에도 흔들리지 않고 계속 걸어가는 사람만이 원하는 목적지에 도달할 수 있다. 대충, 적당히는 누구나 한다. 그래서 대충, 적당히 해서는 안 된다. 지속적이고 집중적인 노력이 필요하다.

넓게 파려면 깊이 파야 한다. 높이 올라가려면 더 깊게 파야 한다. 자잘한 우물 100개보다 제대로 된 우물 하나를 파는 게 중요하다. 그 우물 하나가 100가지 문제를 해결해주기 때문이다. 당신은 지금 어떤 우물을 파고 있는가?

2023. 4. 박치은

CONTENTS

──────────── CHAPTER 1 ────────────

제대로 판 우물 하나가
100가지 문제를 해결한다

CHAPTER 4

급여 통장에 매월 5,000만 원이 꽂히기 시작했다

마지막
한 끗을 채워라

제대로 판 우물 하나가
100가지 문제를 해결한다

그래서 나는
기술을 배우기로 결심했다

위대한 이들은 목적을 갖고, 그 외 사람들은 소원을 갖는다.

_ 워싱턴 어빙, 소설가

스물여섯, 이름만 들으면 누구나 아는 견실한 중견기업 '영림'에 입사했다. 안 그래도 치기 어린 우월감이 들끓던 20대 중반 '연봉 = 그 사람의 가치'라는 공식을 세워 가던 내게 연봉은 그야말로 빛나는 트로피이자 챔피언 벨트였다.

　빈 수레가 얼마나 요란하고 소란했던지 연봉이 4,000만 원에서 5,000만 원으로 인상됐을 때는 주변에 자랑하고 싶어 안달이 난 상태였다. 지인들이 근황을 물으면 "연봉 5,000 받아"를 인사말처럼 했을 정도다. 10여 년 전 돈의 가치를 생각하면 결코 무시할 수 없는 숫자였다.

그런데 어설픈 자랑스러움도 잠시 전혀 예상치 못한 곳에서 현타가 왔다. 인테리어 자재를 납품하느라 공사 현장에 갈 일이 많았는데, 그곳에서 억대 연봉을 받는 기술자의 존재를 알게 된 것이다. 당시 주말도 반납하고 하루 14시간 일하며 받은 급여는 월 360만 원. 그런데 일당 25만 원을 받는 현장 기술자는 매달 20일만 일하고 500만 원을 벌어간다. 일은 나보다 적게 하는데 더 많은 돈을 벌어가는 것이다. 순간 '어, 이게 뭐지?'라는 생각이 들었다.

인생 최대의 투자처

현대인은 대부분의 시간을 '돈벌이' '밥벌이', 즉 먹고사는 일과 맞바꿔 산다. 일과 가운데 70~80퍼센트는 업무를 처리하는 데 사용하고, 그것도 모자라 하루 10시간 이상을 회사에서 보내는 사람도 많다. 이쯤 되면 의문이 생긴다. 스마트폰 하나를 사도 사양과 성능, 요금 등을 꼼꼼히 비교하면서 왜 우리

삶의 전반을 투자하는 인생 최대의 투자처인 '일'에 대해서는 별다른 점검을 하지 않는 걸까?

워런 버핏의 투자 제1 원칙은 "절대로 돈을 잃지 마라"이고, 제2 원칙은 "제1 원칙을 잊지 마라"다. 한마디로 잃지 않는 투자를 하라는 말이다. 지금 어떤 일을 선택하느냐에 따라 중년 이후 수익률은 엄청나게 달라진다.

실제로 대기업과 전문직이 아닌 이상 사회 초년생의 연봉은 크게 차이가 나지 않는다. 그 격차는 경력 5~10년 차에 급격히 벌어진다. 연차가 쌓여도 연봉이 고만고만하거나 직급이 높아질수록 퇴직의 위험이 도사리고 있다면 '잃는 투자처'가 될 확률이 높다. 그러므로 지금 자신이 어디에 시간을 투자하고 있는지, 그 투자로 받게 될 이익과 혜택은 무엇인지 점검해 봐야 한다.

이에 나는 다음 세 가지 질문을 기반으로 '시간손익계산서'를 정리했다.

첫 번째, '자본 가치'를 만들어낼 수 있는 일인가? 이 질문에 대한 대답은 안타깝게도 '그렇지 않다'였다. 자본 가치는 경제적 가치를 의미한다. 자신의 커리어가 '경제적 가치를 만들어내는 재산이 될 수 있느냐'가 관건이다. 그렇다면 5년, 10년 후 샐러리맨 영업직의 자본 가치는 얼마일까? 제로다.

'일자리'가 아닌 '일거리'를 찾는 잡 노마드_job nomad_ 시대다. '특화 영역'이 없으면 노마드라는 단어에 걸맞게 일거리를 쫓는 유목민이 될 확률이 높다. 현장에서도 보면 특화 영역이 없는 잡부, 철거 인력이 가장 바쁘고 정신없다. 가장 힘든 일을 하는데 가장 낮은 일당을 받는다. 역량은 일의 고됨으로 평가하는 게 아니기 때문이다. 지금 자신이 하고 있는 일의 5년 후 자본 가치를 계산해 보라. 그러면 답이 나올 것이다.

2022년 구인 구직 플랫폼 사람인에서 신입사원 연봉 현황을 조사한 결과, 세전 기본급 기준으로 4년제 대학 졸업자는 평균 2,881만 원, 전문대 졸업자는 평균 2,749만 원, 고등학교 졸업자는 평균 2,634만 원인 것으로 나타났다. 참고로 9급 공무원 1호봉의 연봉은 2,000만 원 초반이다.

이쯤에서 일명 노가다, 일용직, 막노동이라고 부르는 현장 기술직의 현실을 살펴보자. 2023년 현재 흔히 말하는 잡부, 즉 철거 인력 일당은 18만 원 선이다. 주 6일을 근무하면 주당 108만 원, 24일 근무하면 월 400만 원이 넘는 수입을 가져

제대로 판 우물 하나가 100가지 문제를 해결한다

간나. 전문 도배사, 타일공, 필름공의 일당은 25~30만 원 선이다. 일당이 25만 원이면 주당 150만 원, 월 600만 원의 급여를 받는다. 경력이 쌓이면 일당은 배로 뛴다. 실제 '오야지'로 불리는 작업 책임자의 일당은 40~50만 원 선이다. 누군가는 명퇴와 은퇴를 준비하며 남은 인생을 걱정할 나이에 1억 원이 넘는 연봉을 받는 것이다. 물론 그 과정이 결코 녹록지 않지만 노력 없는 대가는 존재하지 않는다.

사무직과 비교해 근무 시간이 더 긴 것도 아니다. 오전 8시에 출근해 오후 5시면 퇴근한다. 직장인과 마찬가지로 점심시간 한 시간을 제외하면 하루 8시간 근무다. 상황이 이러한데 굳이 사무직만 고집해야 할 이유가 없다. 3~5년을 투자해 '경쟁력이라는 인생의 종잣돈'을 만들 수 있다면 도전해 볼 만하지 않은가.

특별하지 않은 사람이 특별한 삶을 사는 방법

두 번째, '특화 영역'을 구축할 수 있는 일인가? 노마지도 老馬知道, "늙은 말이 길을 안다"라는 고사성어가 있다. 경험이 많은 사람이 지혜를 갖추고 있음을 이르는 말이다. 하지만 요즘 세상은 늙은 말의 지혜보다 최첨단 내비게이션을 더 선호한다. 안타깝게도 경력과 연륜이 무기가 아닌 위기가 되는 상황이다. 아직은 젊음이라는 상품 가치가 있지만 그 유예 기간이 그리 길지는 않다. 자본 가치는커녕 연식이 오래될수록 가격이 떨어지는 중고차가 되기 십상이다.

그런데 여전히 늙은 말의 지혜를 필요로 하는 곳이 있다. 바로 현장이다. 현장에서는 축적된 연륜과 집약된 노하우, 한마디로 특화 역량을 가진 기술자가 주도권을 잡는다. 다양한 사건 사고를 경험하고 수습해 온 시간이 강력한 자본 가치를 만들어낸다. 숙련된 시간과 몸값의 정당한 등가 교환이 이뤄지는 것이다.

세 번째, 용의 꼬리가 아닌 지렁이라도 머리가 될 수 있는 일인가? 어린 시절부터 나는 '선택받는 사람'이 아닌 '선택하는 사람'이 되고 싶었다. 그런데 조직에는 능력이 뛰어난 사람이 넘쳐난다. 아무리 애써도 절대 뛰어넘을 수 없는 넘사벽, 완전체가 많아도 너무 많다. 어차피 이기지 못할 싸움이라면 링 위에 올라가지 말아야 한다. 체급이 다른 상대와 붙어 봤사 실컷 두들겨 맞을 뿐이다. 차라리 그레이드를 낮춰 지렁이라도 머리가 될 수 있는 영역을 찾는 게 낫다.

그렇다면 남은 문제는 하나다. 무엇으로 남과 다른 변별력을 갖출 것인가. 특별하지 않은 사람이 특별한 삶을 살려면 전문성이라는 차별화로 평범함을 커버해야 한다. 이것이 내가 아는 유일한 성장 공식이다. 그래서 나는 기술을 배우기로 결심했다.

자신의 가능성과 잠재력을
채굴하고 발굴하는 사람들

세상 사람들이 미쳤다고 하더라도 신경 쓰지 마라.
어떤 일이 닥치더라도 멈추지 마라.
_ 필 나이트, '나이키' 명예 회장

인간이 자의적으로 안전 경로를 벗어나는 이유는 크게 세 가지다. 첫 번째, 현재 상태가 만족스럽지 않을 때다. 두 번째, 필요를 발견하고 이를 찾아갈 때다. 세 번째, 타고난 재능이나 정말 하고 싶은 일을 뒤늦게 발견했을 때다. 안타깝게도 나는 타고난 재능이나 목숨을 걸 만큼 간절히 원하는 일이 없었다. 그저 지금의 위치가 만족스럽지 않았고, 시간 자본과 노력 자본을 미래 가치에 투자할 필요성을 느꼈을 뿐이다. 문제는 이

한정된 사원을 어느 바구니에 담느냐 히는 것이다.

세계적인 애널리스트 윌리엄 오닐William O'Neil은 "많은 투자자가 지나치게 분산투자를 한다. 최고 실적은 집중에서 나온다. 관심을 집중할 수 있는 바구니에만 달걀을 담는 게 좋다. 보유 종목의 숫자가 많을수록 빠져나오기가 어렵다"라고 말했다.

제대로 판 우물 하나가
100가지 문제를 해결한다

시드머니가 충분하지 않은 사람일수록 집중투자가 필요하다. 얼마 되지도 않는 돈을 쪼개 여러 종목에 투자하면 주식이 올라도 큰 수익을 기대하기가 어렵다. 괜히 이것저것 관리하다가 팔 때와 살 때를 놓치고, 결국에는 감당하지 못할 수준에 이르기도 한다. 리스크를 줄이기 위한 분산투자가 오히려 위험을 증가시키는 것이다.

인생도 마찬가지다. 경험 자본, 능력 자본, 인력 자본, 금전 자본이 부족한 사람일수록 특화 영역을 발굴해야 한다. 얕은 우물 100개를 파는 것보다 깊은 우물 하나를 제대로 파는 게 중요하다. 제대로 판 그 우물 하나가 100가지 문제를 해결하기 때문이다. 이것이 바로 디깅의 힘이다.

'채굴, 발굴'을 뜻하는 디깅은 어떤 것에 집중해 깊게 파고드는 행위를 뜻한다. 우리가 흔히 말하는 혁신의 아이콘을 보라. 무서울 정도의 집요함과 답답할 정도의 진득함으로 자신의 가능성과 잠재력을 발굴해 낸 디거*digger, 깊게 파는 사람*들이다.

빌 게이츠는 코딩, 스티브 잡스는 디자인, 일론 머스크는 우주라는 특화 영역을 통해 비범한 생각, 번뜩이는 아이디어를 끊임없이 채굴해 낸다. 무엇이든 뚫고 나가는 드릴처럼 자신의 한계를 뚫을 때까지 끝내 포기하지 않는다. 일단 방향이 결정되면 시간이 얼마 걸리든 멀리 돌아가든 개의치 않고 어떻게든 그것을 완성해 낸다.

앞서 이야기했듯 회사를 그만두고 학원에 등록했을 당시 나보다 능력이 뛰어난 사람은 많았다. 재능이 성공의 기준이라면 낙제점을 받아도 할 말이 없을 정도다. 하지만 그 많은 사람 중 특화 영역을 구축하고 독자적으로 살아남은 사람은 나 혼자다. '끝까지 디깅하는 힘' 하나로 최후의 1인이 된 셈이다.

마음을 다잡고 공부를 시작힐 때마다 새로운 책과 문제집부터 찾는 사람이 있다. 반면 한 문제집을 마지막 장까지 풀어내는 사람도 있다. 누구의 성적이 더 좋겠는가. 학창 시절 태권도 선수 생활을 꽤 오래했다. 그런데 당시 나를 두렵게 만드는 상대는 100가지 기술을 가진 사람이 아니었다. 오히려 발차기 기술 한 가지를 100번, 1,000번 연습한 사람이 더 무서웠다. 그래서 나는 감히 성공은 학력이 아닌 태도, 환경이 아닌 마인드, 자본이 아닌 실행력이 만든다고 이야기한다.

자기합리화에 강한 사람들이
사용하는 프레임

혹자는 "인맥이 없으면 노동력만 착취당하는 게 노가다 판이다"라고 말하지만 어떤 업종, 어떤 조직이나 마찬가지다. 인맥보다 중요한 게 실력이고 실력보다 중요한 게 태도다. 본질을 헷갈리지 마라.

사람들의 말처럼 인맥 없이 성공하는 것이 불가능한 필드라면 현재 내가 이 자리에 서 있는 게 말이 안 된다. 아는 사람 하나 없어 일 년 동안 마포구 일대 인력 사무실을 전전하며 일당 6만 원을 받던 사람이 어떻게 100억 매출을 내는 회사의 대표가 될 수 있었겠는가.

시작도 하기 전에 "안 된다" "이미 해 봤다"라는 사람들의 말은 노이즈일 뿐이다. 건전한 비판이 아닌 비관적 시선으로 세상을 바라보는 이들의 말을 듣고 '잘못된 합의 효과'에 휩쓸려선 안 된다. 잘못된 합의 효과는 자신의 의견을 일반적으로 통용되는 사회적 가치로 간주하고 근거 없이 다른 사람도 자기처럼 생각할 것이라고 여기는 경향성을 말한다. 자기합리화를 잘하는 사람이 주로 사용하는 프레임이다.

이런 유형의 사람은 타인의 노력을 혐오하고 비하하며 자신의 존재감을 과시한다. 다른 사람의 피땀 어린 고군분투를 조롱하며 자신의 우월감을 확인하려고 든다. 어떻게 보면 아무런 욕심 없이 무념무상의 마인드를 가진 사람이 차라리 낫다. 돈에 대한 욕심, 성공에 대한 열망은 끓어넘치는데 노력하지 않는 삶은 그야말로 지옥이다. 잘되는 놈은 꼴 보기 싫고, 잘나가는 놈은 죄다 사기꾼처럼 보이게 만들기 때문이다.

늘 그렇듯 아무리 세상이 변해도 낡은 지도를 손에 들고 금과옥조로 삼는 사람들이 있다. 그들이 잘못된 길을 찾아 헤맬 때, 새로운 지도를 손에 넣은 사람들은 그 누구보다 빠르게 목적지를 향해 전진한다. 제일 높은 곳에서 가장 좋은 자리를 차지하고 앉아 낡은 지도를 들고 올라오는 이들을 여유롭게 바라본다. 뒤늦게 도착한 사람들은 앉을 자리가 없다고 한탄하지만 어쩔 수 없다. 그게 세상의 이치다.

지금, 오늘, 여기, 당장 vs
내일, 다음, 언젠가

오늘 할 일을 내일로 넘기는 미루기 대마왕, 아무런 의욕과 위기의식이 없는 귀차니스트, 생각만 많고 실행은 하지 않는 게으른 완벽주의자, 말만 번지르르한 방구석 전문가가 목표를 이루는 것을 보지 못했다. '지금' '오늘' '여기' '당장'이 아닌 '내일' '다음' '언젠가'를 선택하는 사람에게 변화의 문이 열리는 것도 보지 못했다.

98퍼센트가 장애물을 바라볼 때 나머지 2퍼센트의 디거는 목표를 본다. 장애물을 피할 방법이 아니라 디깅을 이어 나갈 새로운 방법을 모색한다. 노력이 반드시 성과로 이어지진 않지만, 부정적이고 비관적인 사람에게 뛰어난 성과를 기대할 수 없는 건 분명한 사실이다.

그러니 다른 사람의 성과를 시기, 질투할 에너지를 오로지 나 자신에게 써라. 핵심 영역 강화에 모든 에너지를 집중시키고 전문성을 기반으로 차별화를 만드는 디거가 돼라. 그러면 어느새 시기와 질투를 받는 존재가 되어 있는 자신을 발견할 것이다.

모니터와 키보드 vs
망치와 톱, 드릴

같이 일하기 힘든 사람은 마인드가 가난한 사람이다.
아주 많은 생각을 하지만 장님보다 적은 일을 한다.
_ 마윈, '알리바바' 회장

    호주 북부 지역에 살던 이르 요론트^{Yir Yoront} 부족은 19세기까지 '돌도끼'를 사용하면서 구석기시대의 삶과 문화를 유지해 왔다. 이들에게 돌도끼는 생존과 직결된 생활의 필수 도구였다. 상황이 이렇다 보니 돌도끼를 제작하고 구입, 관리, 교역하는 전 과정은 철저하게 남성 중심으로 돌아갔다. 그들에게 돌도끼는 권위의 상징이자 위계질서를 세우는 근간이었던 셈이다.

그러던 어느 날, 마을의 운명을 흔들어놓을 선교사가 찾아온다. 교역을 떠난 남성들을 대신해 마을에 남은 아이와 여성들이 힘들게 일하는 모습을 본 선교사는 이내 그들에게 쇠도끼를 선물한다. 쇠도끼가 불러온 후폭풍은 생각보다 거대했다. 아내와 아이가 더는 남편과 아버지에게 의존하지 않게 된 것은 물론 쇠도끼의 편리성을 경험한 성인 남성이 오히려 아내에게 이를 대여하는 지경에 이른 것이다. 이 부족을 지탱해온 질서와 문화는 그렇게 무너져 내렸다. 이것이 바로 기술이 가진 힘이다. 그래서 기술은 곧 권력이 되기도 한다.

"맵다, 매워!" 현장이 빡센 이유

현장도 이 마을과 다르지 않다. 남녀노소 상관없이 경험과 경력이라는 쇠도끼를 가진 사람이 힘을 갖는다. 전기 공사를 해야 하는데 전기를 다룰 줄 모르면 대통령이 와도 짐만 된다. 회사에서는 보고서 숫자가 잘못되면 수정이 가능하지만 현장은 다르다. 현장에서 실측 오류는 대형 사고로 이어진다. 자잘한 회사 업무는 하루 이틀 미룰 수 있지만 현장은 이마저도 불가능하다. 일정을 맞추지 못하면 다른 팀 일정에 차질이 생기고 적지 않은 금전적 손해가 발생한다. 시간이 곧 비용이기에 아무것도 모르는 초짜를 가르치면서 공사까지 끝낸다는 건 그야말로 어불성설이다. 그래서 현장이 빡센 것이다.

또 하나 현장이 엄격한 이유는 언제든 일어날 수 있는 사건 사고 때문이다. 잠깐 한눈을 팔면 추락, 감전, 폭발, 붕괴 등의 사고가 발생한다. 아차 하는 순간 다칠 수 있으므로 절대 방심하지 말라는 경고다. 하지만 아무리 의미가 좋다고 해도 비합리적이고 폭력적이고 억압적 훈련 방식의 대물림은 분명 문제가 있다.

한 아파트 현장에서 수전 공사를 할 때였다. 사수를 도와서 수전을 교체하고 있는데 밸브를 꽉 조이라는 지시가 떨어졌다. 나름 애를 썼지만 무언가 미진했던 모양이다. 화가 난 사수는 다짜고짜 "이거 하나 제대로 못 해?"라고 소리치며 몽키스패너로 머리를 툭툭 치기 시작했다.

혹시 쇠몽둥이로 머리를 맞아 본 적이 있는가? 안 맞아 봤으면 말을 마라. 뇌가 울릴 정도의 고통이 밀려온다. 어찌나 아픈지 수치심이나 모멸감을 느낄 사이도 없다. 어느 정도 통

증이 가서야 비로소 '기술을 전수 받아야 하는 약자'의 위치
가 서럽게 느껴진다. 뭘 잘못했는지 알아야 반박이라도 할 텐
데 반론할 여지조차 찾지 못하는 처지가 사람을 미치게 만든
다. 현장에서는 비일비재하게 일어나는 일이다.

일을 가르치는 사람이 정확하게 잘못을 지적하고 수정 방
향을 제시하면 되는데 그럴 마음이 없는 게 문제다. 사수 자
신도 그렇게 일을 배웠고 눈앞의 상대가 언제 일을 그만둘지
도 모르니 친절할 이유를 느끼지 못하는 것이다. 도제식 교육
의 폐해다.

도구가 인간의 의식에 미치는 영향

문화심리학자 김정운 교수는 "인간의 의식과 행동은 도구를
통해 매개된다"라고 말한다. 실제 일부 학자는 서양인이 동양
인에 비해 공격적인 이유를 '식사할 때 사용하는 도구' 차이
로 보기도 한다. 숟가락을 들면 음식을 뜨고, 젓가락을 쥐면
음식을 집고, 포크를 잡으면 음식을 찌르고, 나이프를 들면 음
식을 자르게 된다. 365일 하루 세 번 뜨고 집는 행위를 반복

하는 사람과 찌르고 자르는 행위를 반복하는 사람의 의식과 행동이 같을 수 없다는 것이다.

현장에서는 모니터와 키보드 대신 망치와 톱, 드릴을 잡는다. 매일 벽과 마루를 부수고 나무를 자르고 재단하는 행위가 사람들을 거칠게 만드는 것일까? 이해하지 못할 행동을 하는 사람이 적지 않다.

한번은 현장 점검을 나온 고객이 싱크대 문 높이가 맞지 않는다면서 클레임을 제기했다. 객관적으로 봐도 단차가 심해 보수가 필요한 상황이다. 하지만 작업자는 "이 정도 차이는 하자가 아니다"라며 큰 소리로 맞섰다. 그래도 고객이 불만을 거두지 않자 분을 삭이지 못한 그는 자신이 만든 싱크대를 망치로 부순 뒤 현장을 떠나버렸다. 제 손에 든 돌도끼가 무소불위의 권력인 줄로 착각한 이르 요론트 부족의 남성 같은 사람이다.

순간 알았다. 나의 경쟁력이 무엇인지를. 저런 사람들과 싸워서 이기지 못할 이유가 없다. 당장은 돌도끼라도 손에 쥐어야 하는 입장이라서 그들에게 고개를 숙이고 있지만 쇠도끼를 얻으면 얼마든지 판을 뒤집을 수 있으리라는 확신이 들었다. 실력이 아닌 태도에 대한 자신감에서 비롯된 결론이다.

일당 30만 원과 50만 원의 차이

초보자는 특히 그렇다. 업종과 직종을 막론하고 일을 처음 배우는 사람의 실력은 거기서 거기다. 타고난 손재주와 센스에 따라 속도의 차이가 있을 뿐 대부분은 평균점까지 무난하게 도달한다. 이때 승패를 가르는 게 태도다. 더 정확하게 말하면 태도가 만들어내는 완성도.

한 가지 예로 3개의 욕실 공사를 오늘 하루에 끝내야 한다고 치자. 타일공의 평균 일당은 30만 원이다. 일을 빨리 끝내기 위해 각 세 명의 타일공을 부르면 90만 원의 인건비가 발생한다. 그런데 여기 일당 50만 원짜리 타일공이 있다. 일당은 비싸지만 혼자 세 명의 몫을 거뜬히 해내는 사람이다. 당신이 작업반장이라면 누구를 부르겠는가? 당연히 후자다.

현장에서는 일당이 낮은 사람보다 일당이 높은 사람이 더 바쁘다. 이미 몇 달 치 일정이 잡혀 있어 스케줄을 조정하는

데 애를 먹는 경우도 허다하다. 단지 속도 때문이 아니다. 끝까지 파고들어 일을 마무리하는 디테일, 즉 디깅력이 몸값을 결정하는 것이다.

인생에는 두 개의 성장 곡선이 존재한다. 질보다 '양', 밀도보다 '부피'를 기반으로 수평 성장하는 X점과 양보다 '질', 부피보다 '밀도'를 기반으로 수직 성장하는 Y점이 그것이다. 이 두 개의 곡선이 교차할 때 비로소 폭발적 성장이 이루어진다.

하버드대학교 연구진이 도예과 학생들을 대상으로 한 가지 실험을 진행했다. 연구진은 재학생들을 무작위로 A, B 두 그룹으로 나눈 뒤 A그룹에게 다음과 같은 미션을 내렸다.

"남은 한 학기 동안 '퀄리티'에 집중해 최대한 멋진 도자기를 구워 오세요. 학점은 퀄리티 순으로 부여하겠습니다."

반면 B그룹에게는 A그룹과 다르게 최대한 많은 도자기를 구워 올 것을 지시했다.

"퀄리티는 신경 쓰지 말고 최대한 많은 양의 도자기를 구워 오세요. 가장 많이 만든 사람이 높은 점수를 받게 됩니다."

과연 최고 도자기는 어느 그룹에서 나왔을까? 의외로 품질이 아닌 개수로 승부한 B그룹에서 탄생했다. 절대적이고 압도적인 실행의 양이 퀄리티를 일궈낸 것이다.

성공은 철저한 숫자 게임이다

대충, 대강, 적당히, 정도껏은 누구나 한다. 그래서 남들이 안 하는, 아니 못하는 일을 '끝까지' '마지막까지' 하는 사람이 승자의 자리에 서는 것이다.

성공은 숫자 게임이다. 3점슛 연습을 100번 한 사람과 1,000번 한 사람, 1만 번 한 사람의 감각이 같을 수 없다. 누가 더 많이 시도하느냐가 승부를 결정한다. 현장에서도 보면 못질을 10년 이상 한 사람은 망치를 내려치는 손목의 스냅부터 다르다.

남들이 말하는 허드렛일, 잡부 역할을 하면서 5년 넘게 버틸 수 있었던 이유도 여기에 있다. 한 달에 한 번 타일을 붙이는 사람과 한 달에 15번 타일을 붙여 본 사람의 경험치는 절대적으로 다르다. 1년이면 168번, 2년 336번, 3년 504번의 차이가 난다. 이 집약적 수치가 만들어내는 레벨업의 속도는 그야말로 어마부시하다. 한 날 셀리넌 일을 15일, 일주일, 하루로 단축시키고 결국에는 반나절이면 끝낼 수 있게 만든다.

사람들은 '최선'이라는 노력이 눈에 보이지 않을 거라고 생각한다. 하지만 최선이라는 노력은 남과 다른 디테일로 그 역량을 드러낸다. 마지막까지 물고 늘어지는 집요한 태도가 승부를 가르는 것이다. 19세기 가장 위대한 바이올리니스트로 꼽히는 파블로 데 사라사테*Pablo de Sarasate*는 "37년간 하루도 빠짐없이 14시간씩 연습했는데, 사람들은 나를 천재라고 부른다"라며 재능보다 노력이 한 수 위임을 강조했다. 고통스러울 정도로 지루한 과정을 거쳐야만 '익숙함을 변주하는 경지'에 오를 수 있다.

자기 자신을
'일당쟁이'로 만들지 마라

명확히 설정된 목표가 없으면 사소한 일상을 충실히 살다가
결국 그 일상의 노예가 되고 만다.
_ 로버트 하인라인, 소설가

대퇴사_Great Resignation_, 조용한 사직_Quiet Quitting_이 유행이다. 언론
은 조용한 사직을 "직장을 그만두지는 않지만 정해진 시간과
업무 범위 내에서만 일하고 초과근무를 거부하는 노동 방식"
이라고 설명한다.

나는 이 말이 '시간과 월급을 교환하겠다'라는 뜻으로 들
린다. 만약 20대 때 열정 페이나 헌신 페이로 치부하며 시간
과 월급을 교환했다면 '오늘의 나'는 없었을 것이다. 받는 만

큼만 일하겠다는 생각을 가졌다면 10년이 지난 지금도 일당 6만 원을 받는 일용직에 머물러 있을 것이다. 피복이나 벗기는 잡부라고 생각했으면 여전히 허드렛일만 하는 잡역부로 살고 있을 것이다. 그렇게 계속 '일당쟁이'로 살았을지도 모른다.

말은 매여 있어도
항상 달릴 것을 생각한다

중국을 대표하는 문장가이자 시인 소동파蘇東坡는 "새는 갇혀 있어도 비행을 잊지 않고, 말은 매여 있어도 항상 달릴 것을 생각한다鳥囚不忘飛, 馬繫常念馳"라는 글을 남겼다. 현재 위치와 자리보다 마음가짐이 중요하다는 뜻이다. 나 역시 그랬다. 언제 어디서 무엇을 하든 '지금 이 순간 뭘 배우고 있는가'를 항상 체크했다.

초보 시절 일 년 동안 허드렛일만 도맡아 할 때는 모든 공정을 따라다니며 눈에 익혔다. 싱크대를 철거하면 싱크대가 뜯겨 나간 자리는 어떻게 생겼는지 확인했다. 욕실, 세탁, 수도 배관 등 책에서만 보던 설비를 현장에서 두 눈으로 확인하며 관련 이해도를 높여 나갔다. 철거가 끝나면 눈치껏 천장, 바닥, 주방, 욕실 등의 소재와 마감재도 파악했다. 현장은 그야말로 살아 있는 교과서였다.

현장에서는 숙련된 기술을 가진 사람을 기공이라고 부른다. 반면 경험과 기술이 부족한 초짜는 데모도(조공)라고 한다. 철거가 끝나면 기진맥진하기 일쑤였지만 하나라도 더 배우기 위해 모든 공정의 데모도를 자처하고 나섰다. 변기를 교체하고 조명 하나 설치하는 데도 엄청난 궁리가 필요했지만 그 과정을 통해 남보다 빠르게 기술을 익혀 나갈 수 있었다.

"왜 사서 고생을 하느냐"라는 사람들의 말이 들리지 않았다. 돈 주고 다닌 학원에서도 배우지 못한 영역을 돈 받고 경험하는데 이를 놓치는 게 더 바보 같지 않은가. 그렇게 정신없이 현장을 누빈 시간은 헛되지 않았다. 정확히 일 년 뒤 인테리어 공사의 A부터 Z까지 한눈에 파악할 수 있었다. 작은 회사여서 가능한 일이었다.

전체적인 판을 읽고
생태계를 파악하는 법

조직이 클수록 개인이 전체적인 구조와 흐름을 파악하기가 어렵다. 개인은 기업이라는 거대한 선박을 물에 띄우기 위한 하나의 부속품처럼 제한된 업무만 경험하기 때문이다. 생산 관리직은 생산 메커니즘, 연구직은 연구 메커니즘만 알 수 있는 식이다. 대기업의 장점인 매뉴얼과 시스템이 개인의 성장을 방해하는 셈이다.

반면 중소기업은 근로자에게 일당백을 요구한다. 시스템과 매뉴얼의 부재를 조직 구성원의 노동력으로 대신하기 때문이다. 기획, 홍보, 마케팅뿐 아니라 때에 따라서는 CS나 영업까지도 경험해야 하는 중구난방식의 업무 스타일이다.

사람들은 이를 중소기업의 맹점 또는 단점이라고 말하는데, 내 생각은 조금 다르다. 전체적인 판을 읽고 생태계를 파악하는 데 이보다 좋은 환경은 없다. 회사가 작으면 작을수록 더 많은 것을 경험할 수 있다.

이런 말을 하면 "회사 좋은 일, 사장 좋은 일만 시키는 것 아니냐"라고 반문하는 사람이 적지 않다. 계층 이동 사다리가 걷어차인 세대의 절박함을 열정 페이와 노력으로 극복하라는 말은 산업화시대의 낡은 레퍼토리라고 지적한다. 안타깝게도 경제적 사유에 대한 열망이 인내, 노력, 끈기, 성실이라는 단어를 진지충, 노력충, 젊은 꼰대, 선비, 노잼 등으로 탈바꿈시킨 듯하다.

"왜 노예처럼 살아야 하느냐" "왜 회사 좋은 일만 시켜야 하느냐"라는 질문에 "회사가 아닌 나 자신을 위해서"라고 대답하지만 노력혐오주의자의 귀에는 들리지 않는다. 소수만 성장하고 극소수만 돈을 버는 이유도 여기에 있다.

불일치를 제거하려는 인간의 본능

인지부조화 이론을 최초로 제시한 미국의 사회심리학자 레온 페스팅거Leon Festinger는 "인간은 신념과 현실 사이에서 불일치나 비일관성을 발견하면 불편한 감정을 느끼게 되는데, 이때 느끼는 불편함을 참지 못해 불일치를 제거하려는 본능이 있다"라고 말한다. 이것이 바로 인지부조화Cognitive Dissonance다. 미국의 인지언어학자 조지 레이코프George Lakoff는 "어떤 언어를 들었을 때 인간의 뇌는 그 언어와 결부된 프레임을 작동시킨다. 뇌는 '모든 사실'이 아니라 프레임에 '맞는 사실'만 받아들인다"라고 말한다. 2002년 노벨 경제학상을 수상한 행동경제학의 아버지 대니얼 카너먼 Daniel Kahneman은 "무엇을 기준점으로 두느냐, 무엇을 기본값으로 보느냐가 의사결정에 큰 영향을 미친다"라고 이야기한다.

이처럼 많은 학자가 지적한 대로 인간은 편견이 가득한 동물이다. 이러한 편견의 진짜 문제는 자신이 편견에 빠져 있다는 사실을 알아차리지 못하도록 만드는 데 있다.

소수만 성장하고
극소수만 돈을 버는 이유

비관론자는 모든 기회에서 어려움을 찾아내고
낙관론자는 모든 어려움에서 기회를 찾아낸다.
_ 윈스턴 처칠, 정치인

제프 베이조스*Jeff Bezos*가 아마존을 설립한 것은 인터넷 사업
이 막 달아오르기 시작한 1994년이다. 당시 월가는 물류센터
와 배송 시스템으로 덩치를 키우는 아마존을 보며 적지 않은
우려를 표했다. 이커머스 회사가 온라인이 아닌 양적 성장에
집중하는 모습이 낯설었던 것이다.

　아니나 다를까. 2002년까지 적자에서 벗어나지 못하는 아
마존을 보며 언론은 "Amazon.com 대신 Amazon.org로 개

제대로 판 우물 하나가 100가지 문제를 해결한다

명하라"라고 비아냥거렸다. 몇 년째 수익 없이 두자금만 들어가는 아마존은 비영리 단체와 다를 게 없다는 조롱이다. 이런 편견에 굴복해 제프 베이조스가 물류센터와 배송 시스템이라는 양적 성장을 포기했다면 오늘의 아마존은 존재하지 않았을지도 모른다.

나는 '조직이라는 울타리 안에서' '남의 돈으로' '비교적 안전하게' 양적 성장과 질적 성장을 동시에 하는 경험을 샀다. 한 가지 예로 영업 노하우가 그렇다. 모든 게 상향평준화된 요즘 저렴한 가격, 예쁜 디자인은 디폴트다. 열정, 패기, 끈기, 진심만으로 고객의 지갑은 열리지 않는다. 남과 다른 결정적 무언가가 있어야만 세일즈를 성공시킬 수 있다.

브레이크가 아닌 액셀을 밟아야 할 때

처음 영업을 배울 당시 만반의 준비를 마치고 링 위로 올라갔지만 제대로 된 잽 한번 날려 보지 못하고 KO를 당하기 일쑤였다. 상담할 때는 분명 만족한 표정이었는데 다른 회사와 계약하는 일이 허다했다. 견적서에 문제가 있나 싶어 양식을 바꿨다. 디자인이 마음에 들지 않나 싶어 기존과 다른 요소를 추가했다. 말투에 문제가 있나 싶어 억양과 단어까지 바꿔 봤다. 이런 노력에도 승률은 좀처럼 올라갈 기미가 보이지 않았다.

그런데 상담 실패에 대한 책임은 내가 아닌 회사가 졌다. 실패의 원인을 냉정하게 평가하고 큰 부담 없이 다시 도전할 수 있었던 것도, 상담의 기회를 계속해서 얻을 수 있었던 것도 회사 덕분이었다. 현재 영업 노하우의 50퍼센트는 당시 월급을 받으면서 만들었다고 해도 과언이 아니다.

이런 경험 없이 곧바로 창업했다면 얼마 지나지 않아 길거리에 나앉았을 확률이 높다. 상담 노하우가 없는데 무슨 수로 수천만 원, 수억 원짜리 계약을 따낼 것인가. 성공은 성취 위에 쌓이고 실패는 포기 위에 쌓인다.

싫든 좋든 일도 우리 삶의 일부다. work end life가 아니라 work and life라는 말이다. 이런 사실을 빨리 받아들일수록 더 많은 기회를 얻게 된다. 사람들은 이상하게 자신의 이익을 위해 일하면서 다른 사람의 이득을 위해 일한다고 착각한다. 자신이 아닌 회사를 위해 일한다고 생각한다. 일하는 동안 얻은 지식과 노하우는 조직이 아닌 개인의 머리와 몸에 흔적을 남긴다. 경력은 회사가 아니라 개인이 소유하는 것이다. 돈을 내고 배워야 하는 일을 공짜로 알려주는데, 왜 제대로 배우려고 하지 않는가.

회사라는 울타리 안에서 자신을 업그레이드할 수 있는 그 귀한 시간을 단순히 월급이라는 숫자와 맞바꾸지 마라. 지금은 브레이크가 아닌 액셀을 밟아야 할 때다. 배움, 경험, 노하우라는 자산이 필요한 사람은 더욱 그렇다.

지금 당장 해야 할 일은 무엇인가

문제는 양적 성장 곡선을 그릴 때 필연적으로 나타나는 몇 가지 증상이다. 무기력, 일태기, 번아웃, 정체기, 슬럼프가 바로 그것이다. 나 역시 마찬가지다. 최저 임금에도 못 미치는 급여를 받으며 인력회사로 철거를 나가고, 손에 물집이 잡히도록 피복을 벗기는 작업이 미치도록 괴로울 때가 있었다. 그 순간에는 양적 성장을 하고 있다는 사실을 몰랐기 때문에 억울함에 눈물 흘리는 밤이 많았다.

매일 밤 무너지고 다음 날 아침 다시 일어서는 날이 이어졌다. 사람들에게 "기술을 배워서 사업을 할 생각이다"라고 떠들고 다녔지만 구체적 계획이 있을 리 만무했다. "내일부터 나오지 마"라는 한마디면 영문도 모른 채 백수가 되는 현실에서 5년 뒤는커녕 당장 5일 뒤 계획을 세우는 것도 불가능했다. 이럴 때는 별다른 방법이 없다. 그냥 당장, 지금 바로 할 수 있는 일을 해야 한다. 아무리 하찮고 작은 일이라도 아무것도 안 하는 것보다 낫다.

괴로운 현실을 마주할 때마다 마법의 주문처럼 나 자신에게 물었다. "지금 당장 해야 할 일이 뭐지?" 그중 하나가 수량화 작업이다.

점과 점을 잇는
'연결 감각'

영감은 자신이 아는 것과 자신이 하고자 하는 것을
연결시켜 주는 역할을 한다.

_ 스티브 잡스, '애플' 창업주

한 손에는 사람, 한 손에는 돈을 쥐어야 하는 게 사업이다. 사
람과 돈에 대한 이해가 없으면 그 어떤 비즈니스도 성공하기
어렵다. 돈이 움직이는 원리와 현금의 흐름을 알지 못하면 돈
도 사람도 잃기 쉽다. 그런데 현장은 친절하지 않다. 옆에서
누군가 차근차근 가르쳐주는 시스템도 아니다. 궁금하거나
모르는 부분이 있으면 눈치껏 알아듣고 자기 것으로 만드는
센스가 필요하다.

현장 인력을 보면 대부분 기계처럼 몸만 쓴다. 현장이 몸을 쓰는 일인 건 맞다. 그런데 몸과 머리를 같이 쓰면 그것만으로도 차별점이 생긴다. 나는 싱크대 철거 작업을 하면서도 머릿속으로는 '이 정도 규모의 공사면 회사 마진율은 얼마일까?' '이 공정에서 비용을 절감할 수 있는 방법은 무엇일까?' 등을 생각했다. 현장에서 일어나는 모든 일에 대해 '창업 후 어떻게 대입할 것인가'를 계속 시뮬레이션했다.

그렇게 낮에는 현장 작업을 하고 밤에는 실행 비용을 분석했다. 각 공정별로 인력, 부자재의 양, 시간, 비용 등을 엑셀로 정리한 후 투입 비용 대비 수익률을 기재하고 목록으로 만들었다. 이를 사장이 작성한 견적서와 비교하며 내 나름대로 원가와 마진율을 계산했다. 덕분에 현금의 입구와 출구를 빠르게 파악할 수 있었다.

원초적인 판단 능력, 직관의 탄생

뿐만 아니다. 각 공정마다 작업자들의 스타일을 관찰한 뒤 가장 효율적인 시공 방법은 별도로 기록해 두었다. 현장에서 발

제대로 판 우물 하나가 100가지 문제를 해결한다

생하는 하자도 빼놓지 않고 분석했나. 3년 동안 딘 하루도 거르지 않고 매일 밤 진행한 수량화 작업은 어느새 '비용'에 대한 디폴트값을 형성해줬다. 허드렛일을 하는 잡부에 불과했지만 단가표 없이도 견적서를 작성할 줄 아는 능력을 갖게 된 것이다.

필수 지표를 아는 것은 매우 중요하다. 눈을 감아도 숫자가 보일 정도로 달달 외우는 수준이 되면 자연스럽게 그 숫자 뒤에 숨은 의미를 파악할 수 있다. 보조 지표 없이도 수익률을 계산하는 단계에 이르면 비즈니스의 구조를 만들 수 있다.

어떤 대상에 대한 몰입은 끝까지 파고드는 집요함으로 이어지는데, 이는 곧 경험과 맥락의 기반이 된다. 남들이 보지 못하는 것을 보고 남들이 듣지 못하는 것을 듣는 '자신만의 감각'으로 연결된다. 원초적인 판단 능력, 즉 직관을 만들어낸다. 이것이 바로 디깅의 힘이다.

직감은 자신이 알지 못하는 분야, 아무것도 모르는 '무無의 상태'에서는 발휘되지 않는다. 코딩의 '코' 자도 모르는 사람에게 게임을 만들라고 하면 아인슈타인이 아니라 아인슈타인 할아버지가 와도 할 수 없다. 이제 막 주식에 입문한 사람에게 볼린저밴드_Bollinger Band_를 활용해 단기적인 주가 방향을 예측하라고 해도 결과는 똑같다.

감각, 논리, 맥락, 경험, 정보를 연결하는 브리지

직관력은 감각 + 논리 + 맥락 + 경험 + 정보를 하나로 통합하는 '연결 감각'이 핵심이다. 한마디로 점과 점을 잇는 힘이다. 소프트뱅크 손정의 회장은 대학 시절 어려운 가정 형편으로 장학금을 받아야만 공부할 수 있었다고 한다. 그는 생활고를 해결하기 위해 '하루 5분 투자로 한 달에 100만 엔을 벌 수 있는 방법'을 고민했다. 발명특허를 만들어 기업에 파는 게 가장 현실적인 대안이라고 결론을 내린 그는 이윽고 '강제 결합법'에 돌입한다. 이미 세상에 존재하고 있는 것들을 결합하여 새로운 무언가를 만들겠다는 생각이다.

그날부터 손정의 회장은 매일 300개의 낱말 카드를 앞에 두고 앉아 3장의 카드를 무작위로 뽑았다. 5분 동안 그 단어들을 강제로 결합하고 조합하는 훈련을 했다. 그러던 어느 날 그의 손에 '사전' '음성발신기' '액성화년'이라는 3장의 카드가 쥐어졌다. '정확하게 뭔지는 모르지만 무언가 되겠다'라는 생각에 그길로 공대 교수를 찾아갔다. 해당 교수를 만난 그는 "아이디어는 있지만 돈도, 시간도, 기술도 부족하다. 이것을 만들 수 있도록 팀을 꾸려 달라"라고 도움을 요청했다. 음성전자사전 개발의 시작이었다. 이처럼 직관은 숙련된 기술, 축적된 노하우, 광범위한 전문지식이 제대로 한데 엮어져야 비로소 그 힘이 발휘된다.

세계 최초의 SNS는 1995년 서비스를 시작한 클래스메이트 Classmate 지만 시장을 제패한 건 페이스북과 인스타그램이다. 이 사실이 시사하는 바가 무엇이겠는가.

n잡은 n개의 노동, n개의 수당을 의미하는 게 아니다

돈은 끔찍한 주인이 되기도 하지만
훌륭한 하인이 되기도 한다.
_ 피니어스 테일러 바넘, 기업인

프로 n잡러, 인디펜던트 워커, 긱워커Gig Worker, 단기로 계약을 맺고 프로젝트 단위로 일하는 근로자, 1인기업이라는 단어가 낯설지 않은 멀티커리어리즘의 시대다. 주 소득원이 '급여' 밖에 없던 과거와 달리 돈을 벌 수 있는 다양한 창구와 선택지가 널려 있다.

　이런 현상을 반영하듯 SNS에는 "누구나 경제적 자유를 누릴 수 있다"라는 광고가 넘쳐난다. '스마트 스토어로 월 300만 원 벌기' '블로그로 월 100만 원 벌기' '연봉 2,000만 원 받넌 내가 월 1,000만 원을 버는 이유' 등 어그로성 제목마저 식상해진 요즘이다. 이들은 포트폴리오만 제대로 구축하면 아프리카나 알래스카에서도 수익을 창출할 수 있다며 끊임없이 "회사 밖으로 나가라"라고 부추긴다. "야, 너도 할 수 있어"라며 커리어를 확장하라고 유혹한다. 미안하지만 이것은 잘못된 목표에 그 누구보다 빨리 도달하는 길이다.

어설픈 n잡은
n개의 스트레스만 유발한다

이들이 말하는 부의 시작점, 부의 공식은 대부분 비슷하다. 유튜브 크리에이터, 인스타 셀럽, 전자책, 강의, 스마트 스토어 등 파이프라인 다각화를 통해 "사람이 아니라 돈이 일하게 하면 된다"라고 한다. 이 말에 혹한 사람들은 "야, 나도 할 수 있대!"라며 서둘러 유·무료 강의를 찾아 듣는다. 강의에서 배운 노하우를 기반으로 자신의 일과 하등 상관없는 n잡을 벌이기 시작한다. 그런데 뭔가 이상하다. 쌓이라는 돈은 쌓이지 않고 처리해야 할 일만 잔뜩 쌓인다.

이렇게 생각해 보자. 지금 당신이 하는 '그것'을 퇴근 후 직장 동료도 하고 있고, 아이를 재운 전업주부도 하고 있다. 이천쌀, 철원쌀, 김포쌀 지역만 다를 뿐 모두가 '쌀'을 팔고 있는 상황이다. 전력투구를 해도 승산이 있을까 말까 한 피 튀기는 레드오션에서 퇴근 후 고작 몇 시간 투자로 얻을 있는 수익이 얼마나 되겠는가.

퍼스널 브랜드를 구축하는 과정이라는 믿음은 희망회로일 뿐 실은 아무것도, 그 무엇도 이뤄내지 못하고 있는 상태다. 계속 밑 빠진 독에 물을 부으면서 그것을 노력이라고 착각하는 것이다.

n잡은 n개의 노동과 n개의 일, n개의 수당을 의미하는 게 아니다. 어설픈 n잡은 n개의 스트레스만 유발한다. n잡을 하나로 관통시킬 굵직한 핵심 역량을 찾지 못하면 반쪽자리 n잡러의 비애는 계속될 수밖에 없다. 일의 개수보다 중요한 게 '상품화할 수 있는 자신의 능력'이다. 주변의 고소득자를 보면 대부분 탁월한 자기 상품 능력을 가지고 있다. 그 능력이 출중하기에 한 개 직업으로도 충분히 고소득자의 대열에 합류한 것이다. 소위 말하는 의사, 판사, 변호사 등 고학력 직군

뿐 아니라 미용업, 요식업, 교육업 등 모든 영역에 고소득자는 존재한다.

월 1,000만 원 이상 고소득을 안겨주는 한 개의 직업과 월 100만 원 미만의 수익을 발생시키는 저소득 n개 직업 중 하나를 택하라면 무엇을 선택하겠는가. 사람들이 돈 버는 방법을 몰라서 헤매는 게 아니다. 참고서를 제대로 읽기도 전에 해답지부터 펼치던 어린 시절의 버릇이 그대로 발현되는 게 문제다.

디지털 노마드족이 온라인에서 겪는 어려움을 오프라인에서 그대로 경험해 봤기에 하는 말이다.

오답만 선택하는 기막힌 신공

창업 초기의 일이다. 흔히 말하는 인맥과 연줄 하나 없이 실력과 기본기라는 자본만 믿고 창업을 했다. 보통 인테리어 회사들은 아파트 밀집 지역에 자리를 잡는데, 여러 가지 이유로 주거 지역과 멀리 떨어진 곳에 둥지를 틀었다. 사무실을 가졌다는 기쁨도 잠시, 현실적인 문제가 쓰나미처럼 몰려왔다.

가장 큰 문제는 역시 돈이었다. 매출은 제로인데 당장 다음 달부터 직원들의 급여와 임대료를 해결해야 했다. 내 인건비를 제외하고 발생하는 고정비만 750만 원, 매일 밤 돈 걱정에 잠이 오지 않을 지경이었다.

초기 창업자에게 가장 중요한 목표는 '망하지 않는 것' '문 닫지 않는 것'이다. 시스템, 매뉴얼, 매출, 영업 이익, 비전, 고객 만족, 가치 창출은 그다음 문제다. 간혹 비전과 목표가 모든 문제를 해결해주는 만능열쇠처럼 말하는 사람이 있는데, 이 역시 살아남은 후에나 가능한 일이다. 턱없이 적은 자본금으로 시작한 경우에는 정해진 날짜에 월급을 주는 게 목표이고, 통장에 1년 치 직원 급여가 쌓이도록 만드는 게 비전이다.

인테리어업이라는 게 그렇다. 계약을 따내야 공사를 하고 공사를 진행해야 매출이 발생한다. 그런데 이제 막 사업을 시작한 이름 없는 인테리어 업자를 제 발로 찾아올 고객이 있을 리 만무하다. 지인 찬스도 하루 이틀이지 이대로 시간만 죽일 경우 6개월도 못 버티고 문을 닫아야만 한다.

모든 초심자가 그렇듯 집닥, 레몬테라스, 박목수의 열린 견적서 등 관련 플랫폼을 적극적으로 활용해 홍보에 전력을 쏟았다. 그리고 모든 초심자가 그렇듯 유의미한 결과를 얻어내지 못했다. 대표라는 명함을 들고 다니긴 했지만 나도 사장이 처음이다. 문제가 생기면 직원들과 우왕좌왕하기 일쑤였고, 해답이 아닌 오답만 선택하는 기막힌 신공을 발휘하기도 했다. 하지만 발버둥을 멈추는 순간 그대로 가라앉을 것을 알기에 헛된 발버둥이라도 멈출 수가 없었다.

'수동화 노동'에 빠진 노마드족의 현실

뒤늦게 '플랫폼은 전국구라서 접근성이 떨어진다. 차라리 처음부터 동네를 공략했어야 한다'라는 생각이 들었다. 그래서 거금 300만 원을 들여 회사 이름과 전화번호가 적힌 홍보용 종이컵을 제작했다. 종이컵으로 환산된 300만 원을 트럭 한 가득 싣고 나가 마포구 일대 부동산을 찾았다. 고객과의 연결을 부탁하며 정말 부지런히도 돌아다녔다.

결과는 역시나 참패, 문의조차 없었다. 간혹 부동산을 통해 연락이 오긴 했는데 그마저도 도배나 화장실 수리를 부탁하는 게 전부였다. 그래도 전화를 받으면 묻지도 따지지도 않고 연장을 챙겨 현장으로 달려갔다. 변기를 뜯고 조명을 갈고 도배한 후 일당을 받으면 사무실로 돌아와 직원들에게 소리 쳤다. "애들아, 내가 오늘 20만 원 벌어 왔어. 삼겹살 먹으러 가자!" 그렇게 위축된 직원들의 기운을 돋우며 하루 또 하루 를 버텼다.

어느 날인가, 창문 하나 없는 지하 사무실이 답답했는지 "해를 보여 달라" "해가 보고 싶다"라는 직원들의 농담이 이 어졌다. 화이트보드에 커다란 해를 그려주며 나 역시 하루빨 리 지하생활자에서 벗어나길 기원했다.

사업을 벌이긴 했지만 일용직과 별반 다를 것 없는 생활이 그렇게 이어졌다. 자동화 수익은커녕 '수동화 노동'만 증가하 는 노마드족과 같은 상황에 빠진 것이다.

역마진이 만들어낸
10배 성장의 기적

위대한 것으로 향하기 위해
좋은 것을 포기하는 걸 두려워하지 마라.
_ 존 D. 록펠러, 사업가

전국구를 대상으로 한 플랫폼, 지역구를 대상으로 한 부동산 홍보가 효과 없다면 남은 방법은 하나다. 고객에게 우리가 직접 광고를 쏘는 것이다. 3차 마케팅의 시작이다.

350만 원을 들여 아파트 전단지 광고를 제작했다. 확실한 효과를 기대하며 엘리베이터 영상 광고도 동시에 집행했다. 단 7초짜리 광고에 들어간 비용은 무려 700만 원. 효과는 놀라웠다. 정말이지 문의 전화 한 통 없었다. 사무실을 두 달 유지할 수 있는 1,350만 원이라는 거금을 허공에 날린 꼴이었다. 다시 생각해도 참으로 안타깝고 바보 같은 짓이다.

오히려 잘 보이지도 않는 간판을 보고 충동적으로 들어오거나, 지인의 소개로 찾아오는 고객이 더 많았다. 그래 봤자 한 달에 2~3명이지만 생명줄과 같은 사람들이다. 사람이 얻고 싶은 게 있으면 내주는 것도 있어야 한다. 나는 계약이 너무 간절했기에 고객에게 최소 마진, 합리적인 가격, 좋은 퍼포먼스를 주기로 했다. 일명 '퍼주기 전략'이다.

충분한 상담을 통해 고객이 원하는 니즈를 파악한 후 3D 모델링과 렌더링을 제작해 무료로 제공했다. 그런데 2, 3회 추가 상담을 통해 디테일을 보완하고 부자재 스펙까지 모두 결정한 뒤 연락이 두절되는 경우가 종종 발생했다. 무료로 제공한 도면과 상담 내용을 가지고 셀프인테리어를 하는 사람도 있었다. 다소 기운이 빠지는 건 사실이지만 그렇다고 문제가 해결되는 것도 아니다. 나쁜 기분은 옷자락에 묻은 먼지처럼 툭툭 털어버리고 서둘러 다음 경기를 준비해야 한다. 어떻게든 버티고 살아남아야만 또 다른 기회도 노릴 수 있다.

그런데 단비 같은 고객이 찾아와도 저렴한 가격 외에 내세

제대로 판 우물 하나가 100가지 문제를 해결한다

울 게 없었다. 그제야 내가 안고 있는 진짜 문제가 보였다. 아무런 레퍼런스도 없는 상태에서 우리 존재를 알리기만 하면 돈을 벌 수 있을 거라는 생각은 엄청난 착각이었다.

영역과 역량이라는 두 개의 톱니바퀴

창업 후 6개월 동안 제대로 된 고객 상담을 한 번도 하지 못했다는 건 시장 진입에 실패했다는 뜻이다. 인테리어라는 영역은 구축했지만 '본질'이라는 역량을 키우지 못한 결과였다. 영역과 역량은 톱니바퀴와 같다. 어느 하나로는 제 역할을 하지 못한다. 두 개가 나란히 맞물려 돌아갈 때라야 비로소 시너지를 낸다.

제품을 구매할 때 사람들은 성능, 가격, 리뷰 등을 통해 상품의 스펙을 확인한다. 하지만 공간은 완공되기 전까지 그 실체가 드러나지 않는다. 이에 고객은 기존 작업물을 모아둔 포트폴리오를 보고 업체의 실력과 스타일을 확인한다. 한마디로 경력증명서인 셈이다.

그런데 창업 후 6개월 동안 공사다운 공사를 해 본 적이 없으니 제대로 된 레퍼런스가 있을 리 만무하다. 이 말은 곧 중국집에 짜장면이 없는 것과 같다. 팔 제품이 없는데 손님이 온들 어떻게 받을 것인가. 인테리어 플랫폼 노출, 홍보용 종이컵, 아파트 전단지 광고 등 n개의 노동이 아니라 브랜딩을 상품화할 수 있는 '본질 강화'에 힘써야 했던 것이다.

하지만 지난 6개월 동안 따내지 못한 계약을 갑자기 무슨 수로 따낼 것인가. 경력도 브랜드도 미천한 신생 회사다. 저렴한 가격은 디폴트일 뿐 특별한 메리트도 못 된다. 고객을 단번에 설득할 수 있는 강력한 한방이 필요했다. 그래서 찾은 방법이 '마진율 제로, 직원들 급여와 사무실 임대료를 제외한 모든 비용을 고객의 집에 투자하는 것'이다.

3,000만 원 예산인 공사에 회삿돈 1,000만 원을 들여 5,000만 원 이상의 가치가 있는 공간을 만들어냈다. 일대에서 비용은 가장 저렴하지만 디자인과 시공은 하이엔드급으로 뽑아냈다. 공사를 하면 할수록 손해가 커지는 역마진이 발생했지만 이미 각오한 일이었다. 허공에 뿌려지는 광고, 마케팅비를 가치에 투자한다고 생각하니 오히려 마음이 편했다. 마이너스 통장과 바꾼 사진이 그렇게 한 장 두 장 쌓이기 시작했다.

그리고 정확히 일 년 뒤, 한 달 2~3명 찾아오던 고객이

제대로 판 우물 하나가 100가지 문제를 해결한다

20~30명으로 늘어났다. 제로였던 급여도 1,000만 원으로 점 프했다. 한 차원 더 높은 경기에 참여할 수 있는 티켓이 주어 진 첫 번째 턴어라운드turn around였다.

이쯤에서 생각해 볼 게 하나 있다. 창업 초기나 6개월 후 나 노력의 밀도는 다르지 않았다. 창업 초기와 6개월 후 수입 이 없는 것도 비슷했다. 아니 오히려 고객의 집에 공격적인 투자를 감행한 6개월 후 마이너스가 훨씬 컸다. 그런데 결과 는 전혀 달랐다. 1년 만에 10배 성장을 불러온 비결은 도대체 무엇이었을까.

일의 순서odder다. 무언가 잘못되고 있다는 생각이 들 때, 분주하게 움직이지만 중요한 것을 놓치고 있다는 느낌이 들 때는 무엇보다 일을 처리하는 순서를 점검해야 한다. 우선순 위 선정에 오류가 생기면 자신도 모르게 잘못된 길로 들어서 기 때문이다. 내가 본질 강화가 아닌 마케팅에 집중했던 것처 럼 말이다.

눈앞에 10만 원, 5만 원, 1만 원, 1천 원짜리 지폐가 뿌려져 있다고 생각해 보라. 뭐부터 담을 것인가. 당연히 10만 원짜리 수표다. 일의 중요도도 똑같다. 지금 하고 있는 일이 10만 원 짜리인지만 확인하면 된다. 다른 사람들이 성큼성큼 큰 보폭으로 10만 원짜리 수표를 챙길 때, 종종걸음으로 1천 원짜리만 쫓으니 바쁘기만 바쁘고 성과가 없는 것이다.

그렇다면 지금부터 10만 원, 아니 고액권 수표를 지갑에 넣을 수 있는 방법을 함께 고민해 보자.

CHAPTER 2

좋은 게임에 참여하려면
그만한 능력치가 필요하다

배달 플랫폼을 통해
가장 많은 돈을 버는 사람은?

내일의 실현을 가로막는 유일한 한계는 오늘에 대한 의심뿐이다.
_ 프랭클린 D. 루스벨트, 정치인

여기 네 사람이 모여 내기 골프를 치고 있다. 이 가운데 가장 많은 돈을 가져간 사람은 누구일까? 골프 구력이 높은 사람? 비거리가 좋은 사람? 아니다. 골프장 주인이다. 배달 플랫폼을 통해 가장 많은 돈을 버는 사람은 누구일까? 목숨 걸고 도로를 질주하는 배달 기사? 별 5개 리뷰가 차고 넘치는 음식점 사장님? 아니다. 플랫폼 개발자다.

농경사회에서 가장 많은 부를 창출한 사람은 만석꾼이었

고, 산업화시대에는 자동차 회사를 소유한 사람이 큰돈을 벌었다. 골프장 주인, 플랫폼 개발자, 만석꾼, 회사 소유주의 공통점이 보이는가? 이들은 생산자, 공급사, 창작자다.

경제적 자유를 누리려면 소비자가 아닌 생산자가 되어야 한다는 사실을 모르는 사람은 없다. 《부의 추월차선》의 저자 엠제이 드마코, 《역행자》의 저자 자청도 소비자가 아니라 생산자가 되어 추월차선에 올라탈 것을 강조한다. 상품이든 서비스든 지식이든 가치 있는 무언가를 제공하는 기버가 되어 급여생활자에서 사업소득자로 탈바꿈하라고 말한다.

자신의 능력을 상품화하라

누구나 생산자가 될 수 있는 시대다. 과거에는 최소 구멍가게라도 있어야 사장이 됐지만 지금은 그렇지 않다. 아이디어만 좋으면 무자본 창업, 지식 창업도 가능하다. 문제는 무엇을 팔 것이냐다. 창업 초기, 브랜딩을 상품화할 포트폴리오의 부재로 내가 고전을 면치 못했던 그 과정을 노마드족 역시 그대로 경험하고 있다. 어찌어찌해 매장 문은 열었지만 진열장이 텅 텅 빈 가게 주인이 적지 않다. 상품화할 능력이 없기 때문이다. 이 능력이 없으면 생산자가 되기 어렵다. 행여 되더라도 저소득 생산자가 될 확률이 높다.

워런 버핏과 점심식사를 하려면 최소 40억 원 이상의 비용이 든다. 여기서 40억 원은 곧 그의 상품 가치다. 그럴 일이야 없겠지만 워런 버핏의 상품화 능력이 떨어지면 식사비용도 그만큼 저렴해질 것이다.

공식적인 통계는 없지만 우리나라에 인테리어 회사는 대략 5만 개가 넘는 것으로 알려져 있다. 그 가운데 내가 유일무이한 디자인을 하는 사람은 아니다. 비용도 결코 저렴하지 않다. 그럼에도 많은 고객이 찾는 이유는 상품화된 능력, 즉 전문성 때문이다. 워런 버핏에 비할 바는 아니지만 나름 분야에서 톱을 찍은 '일과 관련된 능력'을 이용하기 위해 고객들은 기꺼이 지갑을 연다.

자신의 분야에서 성공을 거둔 사람, 일명 타이탄이라고 불리는 디거들 가운데 본업을 버린 사람이 얼마나 될까. 평생 놀고먹어도 될 것 같은 그들은 오히려 자신의 영역에서 더 깊이 강한 뿌리를 내리려고 애를 쓴다.

노마드족이 파이프라인 구축을 위해 횡橫으로 영역을 확장할 때, 디거들은 종縱으로 전문성을 빌드업하며 더 높은 곳으로 수직 성장을 한다. 남들 눈에는 지독한 워커홀릭이자 일에 미친 사람처럼 보일 테지만 그들은 일이 아닌 삶을 즐기고 있다. 일이 아닌 삶을 주도하는 중이다.

자신의 한계를 뛰어넘는 성취에 중독되면 일과 삶을 분리하기가 어렵다. 워라벨을 추구하는 사람들의 관점에서는 가혹해 보이겠지만 정작 당사자들은 아무렇지도 않다. 진짜 생산자의 길로 들어서는 순간이기 때문이다.

경사가 완만하고 평탄한 내리막길의 비밀

디깅을 한다는 건 깊은 터널을 뚫는 것과 같다. 출구를 뚫지 못하면 그간의 시간과 노력이 헛수고로 끝나는 건 물론 입구로, 원점으로 되돌아 나와야 한다. 하지만 끝내 출구를 만들어내면 기존과는 차원이 다른 놀랍도록 경이로운 세상이 눈앞에 펼쳐진다. 비범한 사람들과의 만남은 덤이다.

일용직으로 있을 때는 세상과 팔자를 탓하고 스스로를 비

좋은 게임에 참여하려면 그만한 능력치가 필요하다

하하고 불평불만을 늘어놓는 사람들의 이야기를 들어야 했다. 그런데 터널을 뚫고 나온 지금은 '성장 서사'에 목말라 있는 디거들로 주변이 가득하다. 이들은 "그때 그랬어야 했는데" "이 정도면 됐다" "그런 거 해서 뭐하게?"라는 말 대신 "이 아이디어를 어떻게 발전시키지?" "그 생각을 실현해줄 사람이 있는데 누구와 연결해줘야 하지?" "생각해 봤는데 더 좋은 수가 있을 것 같아"라며 대안적·발전적 사고만 한다.

성공으로 가는 길은 늘 오르막이어서 경사가 심하고 가파르다. 그래서 의욕으로 무장하고 등반을 시작한 사람들도 얼마 지나지 않아 쉽게 포기해 버린다. 반면 실패로 가는 길은 늘 내리막이어서 경사가 완만하고 평탄하다. 그 길의 끝에 무엇이 기다리는지도 모른 채 사람들은 그렇게 아래로, 아래로 내려간다.

수도관이 아닌
배수관을 심는 사람들

이미 알려진 낡은 길이 아니라 새로운 길을 개척해야 한다.
_ 존 D. 록펠러, 사업가

디지털 노마드를 꿈꾸는 이유는 자유로운 삶을 영위하기 위해서다. 그런데 실제 유목민의 삶은 '생존을 위한 투쟁'에 가깝다. 물과 초원이 있는 지역을 찾아 늘 부표처럼 떠돌아야 하는 것은 물론 간신히 정착해도 풍요로운 환경이 지속된다고 자신하기 어렵다. 제 손으로 사냥을 하지 않으면 고기와 가죽을 얻을 수 없고, 싱싱한 열매를 따지 않으면 비타민을 섭취할 수 없다. 정착민보다 더 많이 움직이고 더 많이 노력

좋은 게임에 참여하려면 그만한 능력치가 필요하다

해야 일상을 유지할 수 있는 것이다.

n잡러도 똑같다. 자신을 상품화할 수 있는 핵심 영역, 즉 전문성이 없으면 결국 '유목민형 노동자'밖에 되지 못한다.

나는 종종 '능력의 상품화'를 포도나무에 비유하곤 한다. 잘 키운 포도나무는 단순히 포도 열매 하나로 끝나지 않는다. 포도나무 = 포도 주스 〉 포도청 〉 포도씨유 〉 건포도 〉 와인 생산이라는 시스템을 완성시킨다.

내 포도나무는 누가 뭐래도 인테리어다. 사업가, 유튜버, 건물주, 카페 사장, 저자, 강연가라는 줄기는 모두 인테리어라는 포도나무에서 파생되었다. 10개가 넘는 영역이 별개가 아니라 본업이라는 축을 중심에 두고 횡으로 연결된 게 특징이다. 이를 간략하게 정리하면 다음과 같다.

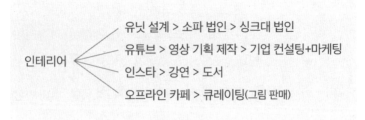

인테리어
- 유닛 설계 > 소파 법인 > 싱크대 법인
- 유튜브 > 영상 기획 제작 > 기업 컨설팅+마케팅
- 인스타 > 강연 > 도서
- 오프라인 카페 > 큐레이팅(그림 판매)

"넓게 파려면 깊게 파라"라는 스피노자의 말처럼 한 그루가 아닌 100그루를 심은 결과 폭발적인 수확으로 상상 이상의 성과를 내는 중이다. 그런데 이 파이프라인은 의도적으로 구축한 게 아니다. 본질에 충실한 결과 부수적으로 따라온 것이다. 누군가 일하지 않아도 돈이 들어오는 '자동화 수익 시스템'을 찾아 헤맬 때 현장에서 몸이 부서져라 기술을 디깅한 결과다. 한계를 넘은 확장성이 만들어내는 부가가치 덕분이다. 가히 '포도나무 이코노미'라 할 수 있다.

디깅의 핵심은 단순화와 집중화다. 압도적인 성장을 원한다면 포도나무의 성장을 방해하는 모든 것을 거둬내야 한다. 거슬리는 게 있다면 그 무엇이든 가차 없이 잘라내야 한다.

한경희생활과학과 애플

2000년 대 초반, 스팀 청소기라는 획기적인 아이템과 함께 혜성처럼 등장한 회사가 있다. '한경희생활과학'이다. 2005년 1,000억 매출을 달성할 정도로 승승장구하던 기업이 2017년 돌연 법정관리에 들어갔다. '스팀'이라는 핵심 기술에 집중하지 않고 화상품, 미용, 정수기, 집 청소 서비스 등 무리한 다각화를 시도한 결과다. 한경희 대표도 사업 실패의 원인에 대해 "핵심 제품군에 집중해야 했는데 할 수 있는 것을 다했다"라고 말한다. 이와 대척점에 위치한 인물이 바로 스티브 잡스다.

스티브 잡스가 쓰러져 가던 회사에 복귀할 당시 애플은 주력 상품이던 컴퓨터 외 프린터, 디지털카메라, 각종 주변기기 등을 생산하는 종합 회사가 되어 있었다. 믿기 어렵겠지만 당시 의류 사업도 진행했다. 스티브 잡스는 눈앞의 문제를 해결하느라 진짜 해야 할 일, 중요한 일을 수행하지 못하는 조직을 보면서 분노를 참지 못했다. 그는 즉시 진행 중이던 사업의 70퍼센트를 과감하게 정리한 뒤 분산된 노력의 방향을 본질에 집중시켰다.

이는 기업뿐 아니라 개인에게도 해당되는 문제다. 특히 디지털 노마드를 꿈꾸는 사람은 유튜브, 인스타, 전자책, 스마트 스토어 등을 전부 잘해 낼 방법보다(이런 방법은 애초에 존재하지도 않는다) 이 모든 것을 한방에 해결할 트리거를 찾는 게 우선이다. 사람들이 당신의 능력을 기꺼이 돈을 주고 구매할 용의가 생길 때까지 이를 날카롭게 다듬는 게 먼저다.

현장에서도 문제가 발생하면 가장 먼저 연락하는 기술자들이 있다. 누수가 생겼을 때 ○○○, 결로가 발생했을 때 ○○○라는 식으로 나름의 공식이 성립되어 있는 셈이다.

자신을 대표하는 특화 영역이 있는가? 당장 상품화할 수 있는 능력이 있는가? 작고 좁은 영역이라도 정상을 찍어 본 적이 있는가? 이 질문에 명확한 대답을 하기 어렵다면 아직 회사를 그만둬서는 안 된다. 생산이 아닌 역량 강화에 집중해야 할 시기이기 때문이다.

노력의 분산도를 점검해 보라

만약 디깅할 영역을 찾지 못했다면 인간의 기본 욕구를 충족시켜 주는 분야를 검토해 보는 것도 좋다. 한 가지 예로 사람이 살아가는 데 필수적인 세 가지 요소가 있다. 초등학생도 다 아는 의식주衣食住가 바로 그것이다. 생존과 관련된 기술을 연마하면 최소한 굶어죽지는 않는다.

나 역시 이런 생각을 바탕으로 '주', 즉 집과 관련된 기술을 배우기 시작했다. 기회는 온라인에만 있는 게 아니다. 오히려 구시대적 유물로 취급받는 현장에 답이 있는 경우가 직지 않다. 원래 난파선에 보물이 많은 법이다.

마지막으로 이미 영역을 찾은 사람이라면 그것을 팔 수 있을 때까지 파고, 쪼갤 수 있을 때까지 쪼개라. 남다른 노력을 기울였음에도 매번 나쁜 성적표를 받고 있다면 노력의 분산도를 점검해 보라. 노력은 펼치면 펼칠수록 밀가루 반죽처럼 얇아져 작은 충격에도 찢어지기 쉽다.

지금 어떤 파이프라인을 설치하고 있는가. 혹시 수도관이 아니라 물이 빠지는 배수관을 심고 있는 것은 아닌가.

회사라는 울타리를
박차고 나와 보니

혁신이 지도자와 추종자를 가른다.

_ 스티브 잡스, '애플' 창업주

기술을 배우기 위해 멀쩡한 회사를 그만둔다고 선언했을 때 주변의 우려가 쏟아졌다. "그 좋은 회사를 왜 그만두려고 하느냐" "결혼도 했는데 뭐해서 먹고 살 거냐" "망치 한번 제대로 잡아 본 적도 없으면서 무슨 기술이냐" 등의 조언이 폭풍처럼 밀려왔다. 이 결정에 찬성한 사람은 친형뿐이었다.

가족들과 오랜만에 저녁식사라도 하는 날이면 내 근황이 마른반찬처럼 늘 식탁 위로 올라왔다. 여기에 굴하지 않고 꿋꿋하게 식사를 끝내고 나면 "그래서 앞으로 계획이 뭐냐?"라는 질문이 후식처럼 이어졌다. "열심히 기술을 배워서 사업을 하고 싶다"라고 대답하면 커피 향과 함께 깊은 한숨이 몰려왔다.

이런 주변의 우려와 달리 나는 별다른 걱정을 하지 않았다. 노력, 근성, 열정이라면 그 누구에게도 뒤지지 않을 자신이 있었고, 하고자 하는 의지도 강했기 때문이다. 그런데 회사라는 울타리를 박차고 나오니 상황이 달라졌다.

프리랜서, 일용직에게는 당연한 게 없다

동물원에 있는 동물은 사육사가 삼시 세 끼 먹이를 챙겨주지만, 야생동물은 스스로 먹이를 찾지 못하면 굶어죽는다. 사냥하는 법, 천적을 피하는 법, 잠자리 만드는 법 등 생존의 지혜를 체득하지 못하면 곧바로 도태된다. 조직이라는 울타리 밖에 있는 사람도 비슷하다. 무엇보다 프리랜서, 일용직에게는 당연한 게 없다.

일용직은 말 그대로 하루 단위로 근로계약을 체결하여 임금을 받는 형식이다. 출근이 당연한 직장인과 달리 누가 자신을 불러줘야만 일터에 나갈 수 있다. 실력이 일정 궤도에 오르기 전까지는 어쨌든 선택을 당하는 처지다. 초보자치고 일을 잘한다는 평가를 받던 나도 초기에는 주 3~4일 근무로 만족해야 했다. 스스로 존재 가치를 증명하지 않으면 설 자리가 주어지지 않기에 고용불안에 시달릴 수밖에 없다.

직장인은 내일, 일주일, 한 달 계획이 가능하지만 일용직은 당일 저녁이 되어야만 내일 일정을 알 수 있다. 그것도 인력회사에서 "내일 ○○ 현장 가능한가?"라는 확인 전화가 와야만 스케줄이 잡힌다. 말은 프리랜서인데 마음대로 일정을 조정하는 게 불가능한 셈이다. 그래서 더욱 철저한 자기관리가 필요하다. 미루고 늘어지는 생활습관을 가지고 있으면 프리랜서를 가장한 백수가 되기 딱 좋다.

직장에서는 이름과 직급을 부르는 게 당연하지만 일용직에게는 이름이 없다. 성이 곧 이름이다. 현장에서 내 이름은 '박 씨'였다. 대기업을 다녔든 고위 공무원을 지냈든 현장에서는 중요치 않다. '○○대학' '○○회사'라는 타이틀이 없다는 건 '나를 표현할 방법'이 마땅치 않다는 뜻이다. 학교든 직장이든 자신을 설명할 만한 소속이 없으면 누구나 두려움을 느긴다. 쉽게 배척낭하기 때문이다. 모르는 사람들을 모아놓고 무작위로 팀을 나누기만 해도 내 편과 상대편을 구분하는 의식이 생긴다는 실험 결과도 있다.

노가다는 흔히 말하듯 여름에는 덥고 겨울에는 추운 곳에서 일하는 직업이다. 생수를 들이부어도 땀으로 빠져나가는 수분이 더 많은 삼복더위와 싸워야 하고, 방한복을 겹겹이 입어도 손끝과 발끝을 얼게 만드는 동장군의 매서운 칼날과도 맞붙어야 한다. 들숨에 톱밥, 먼지, 모래, 시멘트 가루를 마시고 날숨에 신나, 페인트, 모르타르 냄새를 내뿜는 게 일상이다. 조금만 잘못해도 선배들의 육두문자가 뒤통수를 때리고 새 작업복을 마련해도 반나절이면 수거함에서 주워 온 옷이 되고 만다.

작업을 끝내고 나면 머리부터 발끝까지 상처와 멍투성이다. 부딪히고 긁히고 찔리고 베이는 게 일상이라 언제 어디서 어떻게 다쳤는지도 모른다. 노숙자인지 기술자인지 구분이 안 가는 낯선 자신의 모습에 적응하기도 전, 사람들의 차가운 시선이 날아와 꽂힌다. 그 시선은 결코 친절하거나 따뜻하거나 유쾌하지 않다. 오히려 멸시와 무시, 천대에 가깝다.

사람들에게 불쾌감을 주는 게 싫어서 늘 백팩에 작업복을 넣고 다녔지만, 종일 흘린 땀 냄새와 공사장의 먼지를 완벽하게 숨길 수는 없었다. 지하철에서 옆에 서 있던 사람이 다른 자리로 옮기면 '내가 더러워서 그러나'라는 자격지심에 눈치를 보는 게 일상이었다.

성실, 인내, 노력의 가치를
더 귀하게 여기는 곳

노가다는 분명 힘들고 지저분하고 위험한 일이 맞다. 그럼에도 기술예찬론을 펼치는 이유는 인풋 대비 아웃풋이 너무도 명확하기 때문이다. 직장생활은 나만 잘한다고 되는 일도 아니고 노력한 만큼 성과가 나오지도 않는다. 가시적 성과를 눈으로 확인하려면 꽤 오랜 시간이 필요하다. 그러나 현장은 다르다. 결과를 그 자리에서 바로 확인할 수 있다. 실력을 검증하고 성취감을 느끼기에 적합한 환경이다.

조직에서는 일을 잘해도 다른 사람이 공을 가로채거나, 상사의 눈 밖에 나면 능력을 인정받기 어렵다. 학연이나 지연,

좋은 게임에 참여하려면 그만한 능력치가 필요하다

혈연을 총동원해야만 승진이 가능한 경우도 있다. 현장은 다르다. 성실, 인내, 노력이라는 가치가 더 인정받는 곳이다. 특히 이제 막 일을 시작하는 초년생에게는 하고자 하는 의지, 일을 배우려는 태도, 발전하려는 마음가짐 자체가 능력이자 실력이다. 흔히 말하는 잡일, 단순노동, 허드렛일을 기꺼이 해내겠다는 마음이 강력한 경쟁력이 된다. 작업 시간은 끝났지만 10~20분이라도 남아 뒷정리를 하는 사람, 실수했을 때 날밤을 새워서라도 일정에 차질이 없도록 애쓰는 사람을 허드렛일만 하게 두지 않는다.

목표가 확실한 사람, 명확하게 해야 할 일이 있는 사람에게 무턱대고 연장을 손에 쥐라는 말이 아니다. 대학은 졸업했지만 몇 년째 진로를 결정하지 못하는 사람, 공무원 시험에 번번이 낙방하는 사람, 연봉 200~300만 원을 높이려고 부표처럼 직장을 떠도는 사람, n년 차임도 물경력을 걱정해야 하는 사람, 무엇보다 딱히 하고 싶은 일이 없는 사람이라면 경로를 이탈해 새로운 길을 탐색해 보는 것도 나쁘지 않다는 말이다.

버텨라,
버티면 이긴다

인생에서 가장 큰 영광은 넘어지지 않는 것이 아니라
넘어질 때마다 일어서는 것이다.
_ 넬슨 만델라, 정치인

허영만 화백의 만화 가운데 관상을 주제로 한 《꼴》이라는 작품이 있다. 그는 이 작품을 본격적으로 구상하기에 앞서 오랜 시간을 망설였다고 한다. '관상'이라는 주제가 너무 방대해 함부로 덤벼들기가 두려웠던 것이다. 아니나 다를까. 최소 3년은 공부해야 작품을 그릴 수 있다는 피드백을 들은 그는 깔끔하게 《꼴》을 포기하려고 마음먹었다. 그런데 관상가의 말 한마디가 그의 발걸음을 붙잡았다고 한다.

"그런데 허영만 씨가 관상을 공부하든 안 하든 3년은 흘러갑니다."

어떤 일이든 그렇다. 최소 3년은 파고들어야 구체적인 무언가가 눈에 보이기 시작한다. 진검승부도 이때부터 시작된다. 그런데 승부는커녕 뚜껑도 열기 전에 포기하는 사람이 의외로 많다. 일이 힘들어서, 적성에 맞지 않아서 그만둔다고들 말한다.

세계적으로 명성을 날리는 CEO들 가운데 적성이 아닌 생존을 위해 선택한 회사에서 성장한 경우가 적지 않다. 무인양품 전 회장인 마쓰이 타다미쓰도 그렇다. 그는 과거 학생운동으로 체포된 이력 때문에 일찌감치 교사의 꿈을 접어야 했다. 먹고 살기 위해 차선책으로 선택한 곳이 무인양품이다. 면접관으로부터 "지원 동기가 분명하지 않다"라는 지적을 들었던 것을 보면 면접도 그리 수월하지는 않았던 모양이다. 그럼에도 그는 유통 혁명을 이끌며 무인양품을 글로벌 기업으로 키워냈다.

'나에게 요구되는 역할'과 '내가 하고 싶은 역할'이 늘 같을 수는 없다. 기회를 주지 않는다고 뾰로통하게 앉아 있으면 다리 근력만 약해질 뿐이다. 돈, 경험, 경력이 부족한 지금은 하고 싶은 역할이 아닌 요구되는 역할에 충실해야 한다. 중요한 건 '일이 진행되고 있다'라는 사실이다. 업무의 가나다라도 모르는 초보자는 더욱 그렇다.

요구되는 역할, 하고 싶은 역할

처음 일을 배울 당시 일용직 일당은 6만 원이었다. 현재 현장 일용직 임금은 10만 원으로 결코 적지 않은 금액이다. 그런데 사람들은 언론매체나 유튜브에서 본 숙련가의 일당을 곧 자신의 몸값이라고 생각한다.

예를 들어 일당 6만 원으로 알고 왔는데 10만 원을 준다고 하면 "오, 4만 원! 개이득!"이라며 신나게 몸을 움직일 것이다. 그런데 일당 20만 원을 생각하고 온 사람은 다르다. '10만 원밖에' 주지 않으니 자신도 모르게 '손해 봤다'라는 생각이 든다. 물질적 손해가 아닌 감정적 손해를 입은 것이다. 일을 제대로 배우기도 전에 불평불만이 쌓이는 건 당연하다. 그러니 며칠 해 보지 않고 적성에 맞지 않는다며 때려치운다. 단순히 시간만 버렸다고 생각할 테지만 이들은 자신이 진짜

놓친 게 무엇인시 모른다. 무인가를 배우고 익히고 학습할 기회를 날려버렸다는 사실을 인지하지 못한다.

처음 현장에 갔을 때 딱히 힘쓰는 것 외에 할 수 있는 일이 없었다. 그래도 끊임없이 작업자들을 쫓아다니며 "제가 도울 일이 있을까요?" "제가 할 수 있는 게 있을까요?"라고 물었다. 주어진 작업을 예상보다 빨리 끝냈을 때는 누가 시키지 않아도 폐기물 자루를 어깨에 들쳐 메고 1층으로 내려갔다. 힘쓰는 일도 반복하면 요령이 생긴다. 그것 또한 기술이다. 작고 사소한 일이라도 무언가를 끊임없이 하고 있다는 게 중요하다.

너무나도 명확한 게임의 룰

"기술직이 돈이 된다더라"라는 이야기에 호기롭게 도전하는 사람이 적지 않다. 그런데 이들 가운데 끝까지 남는 사람은 채 2퍼센트가 되지 않는다. 실제로 학원 생활을 같이 시작한 30명 가운데 지금 현장에 남은 사람은 나를 포함해 2명에 불과하다.

그중 한 사람은 당시 56세 형님으로 노후 준비를 위해 학원을 찾았다고 했다. 센스 넘치는 어린 친구들과 수업하는 게 쉽지 않았을 텐데 늘 즐겁고 감사한 마음으로 생활하던 모습이 기억에 남는다. 배움의 속도는 결코 빠르지 않았지만 어느새 그는 10년 경력을 쌓은 디거가 되었고, 66세라는 나이가 무색하리만큼 힘찬 발걸음으로 현장을 누비고 있다.

이 게임의 룰은 너무나도 명확하다. 버티는 게 답이다. 연봉 200~300만 원을 더 받으려고 일 년 단위로 이직하는 사람을 보면 안타까움을 금할 수 없다. 그래 봤자 급여로 따지면 한 달에 13~14만 원 더 받는 것뿐이다. 1천 원짜리 줍기에 급급해 10만 원짜리 수표를 놓치는 상황이다. 묵묵히 제자리에서 뿌리를 내리고 폭풍 성장한 사람이 고액권 수표를 챙기는 걸 보면 배 아파하면서도, 그들은 여전히 1천 원짜리 지폐를 손에서 놓지 못한다. 디거들이 강력한 힘으로 특화 영역을 뚫고 나갈 때 이직이라는 함정에 매몰된 결과다.

자신이 매몰된 사실조차 모르는 이들은 구조자의 손길마저 귀찮아 하며 거부한다. 불행에 빠지거나, 벼락거지가 된 현실을 자각했을 때라야 비로소 자신이 매몰되었다는 사실을

좋은 게임에 참여하려면 그만한 능력치가 필요하다

알아차린다.

신입사원, 초심자, 물경력을 가진 사람일수록 명확한 이직 기준이 필요하다. 내 이직 기준은 단 하나였다. "더는 이곳에서 배울 게 없을 때 떠난다." 창업 전 총 다섯 군데 회사를 다녔는데, 매 회사에서 흡수할 수 있는 건 악착같이 흡수했다. 정보와 지식, 노하우, 경험을 진공청소기처럼 빨아들였다. 속된 말로 쪽쪽 빨아먹은 것이다. 그리고 더는 먹을 게 없을 때 사표를 던지고 더 큰 곳으로 이직했다.

시간을 버티는 힘

물론 그 과정이 만만치는 않다. 앞서 이야기했듯 일용직은 육체적 고통만큼이나 정신적 고통이 크다. 그래서 그 어떤 직업보다 더 많이, 더 자주 포기라는 유혹이 따라다닌다. 철거를 끝내고 집에 돌아가던 어느 날이었다.

지친 몸을 이끌고 지하철을 탔는데 우연히 대학 후배를 만났다. 대학 시절에 국회의원 비서관을 지낼 정도로 나름 잘나가던 선배의 초라한 모습이 꽤나 충격적이었던 모양이다. 어느

새 동기들 사이에서는 내가 망했다는 소문이 퍼졌고, 근황과 안부를 묻는 전화가 걸려오기 시작했다. 안 그래도 잘나가는 친구들을 보며 열등감이 들끓던 시기, 죽고 싶을 정도로 괴로웠다. 아예 모르는 사람들의 시선은 그나마 참을 만했지만, 아는 사람들의 걱정 어린 시선은 비참함을 넘어 참담하게 느껴졌다.

소문대로 망한 건 아닌데 돈이 없는 것도 사실이다. 오랜만에 만난 친구가 밥이라도 사면 '이 꼴을 하고 있다고 동정하는 건가?' '어렵게 산다고 적선하나?'라는 생각이 들었다. 친구들이 대리, 과장이라는 직급이 박힌 명함을 내밀 때마다 상처투성이 손밖에 내보일 수 없는 현실에 절망하기도 했다.

앞으로 열심히 달려가는 동기들과 달리 후진만 하는 내 모습에 자존심이 상해서 모든 사람과 연락을 차단했다. 자격지심, 상대적 박탈감을 자극하는 요소들을 거둬내기 위해 현장 → 집 → 현장 → 집으로 생활 반경을 단순화했다. 사업이 자리 잡기까지 6년 동안 그렇게 모든 관계를 단절하고 살았다.

사람이 어떻게 그렇게까지 살 수 있느냐고 하는데 안 죽는다. 충분히 살 수 있다. 인간관계는 어찌하느냐고 묻는데 내가 잘되면 생각지도 못한 초등학교 동창에게서도 연락이 온다. 지금 중요한 건 인간관계가 아니라 '시간을 버티는 힘'이다.

한 놈만 패라, 버티면 이긴다

흔들릴 때 나 자신을 단단하게 붙잡아준 것은 다름 아닌 열심히 살아온 바로 그 시간이다. 어떤 격려나 위로도 스스로 증명해 낸 시간만큼 자신감을 불어넣어 주지 못한다. 사람들은 반대로 생각하는데, 성공해서 버틴 게 아니라 버텨냈기에 성공한 것이다.

마지막으로 나만 힘든 게 아니다. 내가 느끼는 어려움을 경쟁자도 느끼고 있다. 그런데 오늘 누군가가 GG를 선언하면 경쟁자가 그만큼 줄어든다. 내일 또 포기하는 사람이 나타나면 나는 그만큼 더 발전한다. 버티기만 하면 성장 확률과 성공 승률이 계속 올라가는 게임이다. 축구 경기에서 이기려면 어떻게 해야 하는가. 무조건 상대보다 한 골만 더 넣으면 된다. 더도 말고 덜도 말고 단 한 골이다. 그러니 3년만 버텨라. 3년이라는 시간의 끝을 바라봐라. 그리고 한 놈만 패라. 버티면 이긴다.

세상에는
교육받은 낙오자가 넘친다

실패를 경험하지 않았다는 것은
스스로를 한계 속에 밀어넣은 적이 없다는 뜻이다.
_ 레이 달리오, 기업인이자 투자자

온라인 게임은 캐릭터 빨이다. 능력치가 높은 고렙(고레벨)이
게임을 주도하며 다른 게이머들을 지배한다. 고렙 캐릭터는
일단 뽀대가 다르다. 눈부시게 빛나는 아이템, 마르지 않는 샘
물 같은 수입 원천까지 갖춘 그야말로 완전체다.

　이제 막 게임을 시작한 저렙은 그 모습이 한없이 부럽기만
하다. 중렙이나 고렙들과 파티를 맺고 사냥에 동참하고 싶지
만 그야말로 언감생심, 그림의 떡이다. 일정 수준으로 레벨을

올리지 않으면 게이머뿐 아니라 사냥감인 몬스디에게조차 무시를 당한다. 서러운 저렙의 현실이다. 이 게임의 룰은 현실에도 그대로 적용된다.

근 일 년 동안 일용직을 전전하다가 작은 인테리어 회사에 입사했다. 사장님 혼자서 영업, 디자인, 현장 일을 다 하는 영세한 업체로 직원도 나 한 명이었다. 사회 캐릭터로 따지면 몬스터도 무시할 극강 저렙이었기에 찬밥 더운밥 가릴 처지가 아니었다. 허구한 날 공사판만 전전하다가 매일 아침 출근할 공간이 있다는 게 어딘가 싶기도 했다.

'기술직으로의 전환'이라는 나름의 의미를 담아서 첫 출근 당일 의식을 치르듯 정장을 차려입었다. 일찌감치 사무실에 도착해 사장님과 가벼운 인사를 나눈 뒤 트럭에 실려 도착한 곳은 아파트 공사 현장. 사장님은 "싱크대와 마루를 뜯어내라"라는 미션만 남기고 바람처럼 사라졌다.

'드디어 일 년 동안 일용직으로 갈고 닦은 철거 실력을 발휘할 순간이 온 것인가!' 재킷을 벗어 한쪽에 던져놓고 구두를 신은 채 혼자 철거를 시작했다. 오전 10시에 시작한 작업은 오후 3시쯤 마무리가 됐다. 다섯 시간 만에 34평 아파트 철거를 끝낸 것이다. 잠시 한숨을 돌리고 사장님에게 전화를 걸어 상황을 보고했더니 "벌써 끝났다고? 일 잘하네. 앞으로 철거는 네가 하면 되겠다"라며 호탕하게 웃었다. 그런데 이는 시작에 불과했다.

시스템을 대신하는 노동력

업종과 직종을 막론하고 회사의 규모가 작으면 노동력이 시스템을 대신하는 경우가 많다. 인건비 싸움이 치열한 인테리어는 더욱 그렇다. 그래서 작은 회사의 경우 도배, 미장, 전기 등 웬만한 영역은 사장이 직접 하거나 직원을 활용한다. 인건비를 줄여 수익을 극대화하는 전략이다.

한 가지 예로 마트에서 파는 '깐 마늘'의 가격에는 '마늘 껍질을 까는 데 들어간 인건비'가 포함되어 있다. 원가를 절감하려면 통마늘을 사서 직접 껍질을 벗겨야 한다. 이 공식은 조직에도 그대로 적용된다.

모래 한 포대 가격은 2,000원이다. 그런데 모래를 포대가 아닌 루베(1㎥, 가로×세로×높이를 합한 부피)로 사입하면 1,300원으로 가격이 다운된다. 무려 35퍼센트의 원가가 절감되는 것이다. 같은 모래인데 35퍼센트나 저렴한 이유가 무엇이겠는가. 포대에 담겨 나오는 제품이 아니기 때문이다.

루베 모래는 주문량에 따라 트럭에 산처럼 실려 온다. 밀가루처럼 퍼져 있는 모래를 공사 현장으로 옮기려면 사람이 다시 포대에 담아야 하는 것이다. 이 힘든 작업을 사장이 할 리 없다. 당연히 직원이 해야 한다. 그래서 매주 주말마다 출근해 모래를 마대에 옮기는 작업을 했다.

폐전기선도 돈이 된다. 정확하게 말하면 폐전기선 안에 들어 있는 구리가 돈이 된다. 영세한 업체의 경우 폐전기선을 버리지 않고 사무실에 모아 두었다가 일정량에 도달하면 매입 업체에 넘겨 부수입을 남긴다. 한창 바쁠 때는 저녁 8, 9시에 현장을 마감했는데, 그 늦은 시간 사무실에 복귀해서 피복 제거 작업을 할 때도 있었다. 전선에서 구리를 분리해서 팔아야 조금이라도 비싸게 받을 수 있기 때문이다. 손가락에 물집 마를 날이 없었지만 이 단순 작업도 계속하다 보면 기술이 는다. 웬만한 전기 작업자보다 전선을 더 잘 다루게 되는 건 덤이다.

회사가 작으면 공사가 매일 있는 게 아니다. 막상 출근해도 할 일이 없어서 멀뚱멀뚱 앉아 있는 날도 있다. 그런 날이면 사장님은 나를 다른 인력회사로 용역을 내보냈다. 직접적으로 말을 하지는 않았지만 사무실에서 놀지 말고 나가서 돈을 벌어 오라는 뜻이었다.

당시 철거 일당은 14만 원, 내부 직원을 10일만 용역회사로 내보내도 그에게는 140만 원의 수익이 생긴다. 20일을 돌리면 280만 원의 수익이 발생한다. 그렇게 발생한 내 노동의 대가는 고스란히 그의 주머니로 들어갔다. 당시 내 급여는 월 80만 원이었다.

종종 억울하고 어이없을 때도 있었지만 또 다르게 생각하면 최악의 상황도 아니었다. 학원을 다닐 때 돈 내고 배우던 일들을 80만 원이라도 받으면서 배우는 게 어디인가. 시간을 때우는 게 아니라 경험을 쌓으려고 입사한 곳이다. 그렇다면 사무실에 앉아서 노느니 현장에 나가 타일 한 장이라도 더 붙여 보게 남는 장사다.

"세상에 인내 없이 이룰 수 있는 일은 아무것도 없다. 재능만으로는 안 된다. 위대한 재능을 가지고도 성공하지 못한 사람은 많다. 천재성으로도 안 된다. 성공하지 못한 천재는 웃음거리만 될 뿐이다. 교육으로도 안 된다. 세상에는 교육받은 나오자가 넘친다. 오직 인내와 결단력만이 무엇이든 이룰 수 있다.” 미국의 30대 대통령 캘빈 쿨리지가 한 말이다.

더 좋은 스테이지에
참여할 기회를 만들어라

나는 어떤 일을 시작할 때 최고가 아닌 최악의 상황을 먼저 생각한다. 완주보다는 스타트에 목적을 둔다. 보통 최상의 시나리오를 그리고 드라마 같은 결말을 원하기 때문에 문제가 생기는 것이다.

영림에 사직서를 던졌을 때 최악의 경우 기술이라도 남을 거라고 생각했다. 유튜브 채널을 개설할 때도 최악의 경우 직원들 교육용으로 사용하면 된다고 생각했다. 소파와 싱크대 브랜드를 론칭할 때도 마찬가지다. 투자비용을 모두 날리더라도 고객들에게 좋은 제품을 원가로 공급하면 된다. 얼마 전 카페를 오픈했는데 최악의 경우 구성원들을 위한 문화 공간으로 사용하면 그뿐이다. 그 어떤 최악의 상황이라도 분명 남는 게 있다.

미국의 긍정심리학자 에드 디너*Ed Diener*는 "개인이 '주관적 안녕감*Subjective Well-being*'을 얻기 위해서는 부정적 감정과 긍정적 감정의 비율이 중요하다"라고 말한다. 그가 생각하는 긍정적 감정과 부정적 감정의 이상적 비율은 대략 4:1 정도다. 긍정성으로 충만한 사람보다 약간의 부정성을 포함한 사람이 오히려 더 건강하게 삶을 이끌어 나갈 수 있다는 것이다.

나는 사업을 하고 싶었고 돈도 많이 벌고 싶었다. 하지만 현실은 80만 원의 급여를 받으며 외부 용역을 나가는 잡부에 불과했다. 하루라도 빨리 지옥 같은 현실에서 벗어나고 싶어서 다른 사람이 8시간 일하면 16시간, 20시간 일을 했다. 의도적으로 주어진 일보다 5배, 10배의 일거리를 찾아내고 만들어서 했다. 그 결과 입사 1년 차에 10년 차 현장 과장의 능력치를 얻게 되었다.

걷는 사람은 달리는 사람을, 달리는 사람은 자전거 탄 사람을, 자전거 탄 사람은 자동차 탄 사람을 따라잡을 수 없다. 또한 이들이 보는 풍경이 같을 수 없다. 이제 막 운동화 끈을 묶고 출발선에 선 사람은 최소 자전거라도 따라잡아야 자동차로 옮겨 날 기회가 생긴다. 남들과 똑같이 달려서는 자전거는커녕 뒤처지기 십상이다.

절대적 능력치가 부족했던 20대의 나는 그 능력치에 맞는 하위 레벨의 생활을 해야했다. 어리고, 모르고, 미숙하다는 이유로 이용당하고 착취당하는 일이 허다했다. 그런데 자전거를 손에 넣고 자동차로 옮겨 탄 결과, 지금은 서로 끌어주고 밀어주지 못해 안달인 사람들과 생활한다.

더 좋은 게임에 참여하려면 그만한 능력치가 필요하다. 능력치를 빨리 올릴수록 더 좋은 스테이지에 참여할 기회도 많아진다. 문제는 노력의 기준이다. 1시간 하고 최선을 다했다는 사람이 있는 반면 10시간을 하고도 부족하다는 사람이 있다. 과연 이 게임의 승자는 누가 되겠는가.

태도가 승부를 가르는 순간

당신의 꿈을 과소평가하는 사람들을 멀리하라.
소인배들은 항상 그런 태도를 취한다.
_ 마크 트웨인, 소설가

종종 빠른 성장의 비결을 알려 달라는 사람들을 만난다. 교과서 같은 대답에 조금은 미안하지만 내 답변은 늘 똑같다.

"누구를 만나든 어느 자리에 있든 당신이 무엇을 줄 수 있는지를 고민하라."

또 '기버' 이야기냐고 하며 고개를 젓는 사람도 있겠지만 어쩔 수 없다. 태초부터 이어오던 성공의 기본 방정식인 걸 어쩌겠는가. 일찌감치 이를 인정하고 받아들인 사람만이 부를 이루고 경제적 자유를 얻었다.

영림에 다닐 때는 연봉의 10배 이상 매출을 내기 위해 밤낮없이 뛰었고, 실제 그 이상의 성과를 냈다. 기술을 배울 때는 '내가 성장해야 조직이 성장한다'라는 생각으로 회사 대표들보다 더 많은 일을 했다.

이런 모습이 다른 사람에게 안 보일 리 없다. 좋은 태도는 좋은 평판을 부르고, 좋은 평판은 더 좋은 게임에 참여할 수 있는 티켓을 제공한다. 더 많은 것을 할 수 있는 특권을 가져다준다. 사람을 대하는 태도, 시간을 대하는 태도, 업무를 대하는 태도, 문제를 대하는 태도, 돈을 대하는 태도는 100마디 말보다 더 많은 것을 전달한다. 그리고 이런 태도가 승부를 가르는 순간은 생각보다 더 자주 찾아온다.

창업 전 마지막 회사에 다닐 때의 일이다.

전혀 다른 사이즈의 가치 창출

공사가 끝난 현장을 보면 늘 타카핀, 실리콘, 우레탄폼, 본드, 장갑 등 잡다한 자재가 널려 있다. 다음에 또 쓸 수 있음에도 사람들은 정리하기 귀찮다는 이유로 이를 폐기물 기사한 테 버려 달라고 한다. 가랑비에 옷 젖는다고 일 년이면 결코 무시하지 못할 금액이다. 공사가 끝날 때마다 바닥에 너부러진 자재들을 확인한 뒤 쓸 만한 것은 모아 두었다가 퇴근 전 사무실로 옮겨놓고 다음 현장에서 다시 사용하곤 했다.

외주 용역비로 나가는 돈을 줄이기 위해 모든 공정의 조공을 자처했다. 폐기물 처리 비용을 아껴 보려는 마음에 업체를 거치지 않고 직접 트럭에 실어 날랐다. 그렇게 매일 수단과 방법을 가리지 않고 30~50만 원의 비용을 절감했다.

동료들은 유별나다며 고개를 가로저었지만 내 생각은 달랐다. 남들이 뭐라고 해도 한 달에 300~500만 원을 회사에 벌어다주는 가치 있는 사람이라는 자부심이 있었다. 그런데 어느 순간 의구심이 들기 시작했다.

'현장에 조금만 관심을 두면 한 달에 500~600만 원을 아 낄 수 있는데 사장은 왜 비용 절감에 관심이 없을까?'

'온종일 먼지를 뒤집어쓴 채 이리 뛰고 저리 뛰는 나와, 정장을 차려입고 영업만 다니는 사장의 차이는 뭘까?'

결국 누가 더 높은 가치를 창출해 내느냐의 문제였다.

좋은 게임에 참여하려면 그만한 능력치가 필요하다

마침 창업 자금을 마련하기 위해 급여의 70퍼센트 이상을 저축하고 있던 때다. 한 달에 한 번 마시는 스타벅스 커피가 유일한 사치였을 정도로 아끼고 모으는 데 정신이 팔려 있었다. 아무도 신경 쓰지 않는 비용 절감에 목을 멘 이유도 매월 300~500만 원을 회사에 아껴줬다는 뿌듯함 때문이었다. 아끼고, 절약하고, 모아서 이윤을 남기는 게 내가 회사에 줄 수 있는 최고 가치라고 생각한 것이다.

그런데 사장은 전혀 다른 방향에서 완전히 다른 크기의 가치를 창출하고 있었다. 내가 하루 30~50만 원의 비용을 절감했다고 뿌듯해할 때 그는 1억 원짜리 공사를 수주해 1천만 원 단위가 넘는 수익을 남겼다. 똑같은 시간 일을 하는데 나보다 100배 넘는 가치를 만들어내고 있었던 셈이다.

과유불급, 자기과신의 함정

'아, 나도 저런 가치를 만들어내는 사람이 되고 싶다'라는 열망이 들끓던 순간, 사장님이 영업을 한번 해 보는 게 어떻겠느냐고 물었다. 굳이 시키지도 않은 일을 꾸역꾸역 만드는 게 기특했던 모양이다. 안 그래도 이 업종에 뛰어든 5년 동안 유일하게 경험하지 못한 분야가 영업이었다. 기회가 왔으면 망설이지 말고 잡아야 한다. 망설일수록 시간과 노력의 불필요한 지출만 늘어날 뿐이다.

'나도 가치를 창출하는 사람이 될 수 있겠구나'라고 생각하며 호기롭게 첫 상담을 준비했다. 총 다섯 군데의 회사를 거치면서 각기 다른 상담 스타일을 모두 지켜봤고, 누구보다 현장 경험도 풍부했다. 고객에게 신뢰를 심어줄 많은 요소를 갖추고 있었기에 자신만만한 모습으로 첫 상담에 임했다.

그런데 웬일인지 신나서 떠드는 나와 달리 고객의 반응은 시큰둥했다. 상담을 마친 뒤 오매불망 계약 성사 전화를 기다렸지만 끝내 연락이 오지 않았다. 첫 번째 영업에서 보기 좋게 까인 것이다.

얼마 지나지 않아서 두 번째 고객과 상담을 진행했다. 결과는 같았다. 순간 머릿속에서 '열심히만 해서는 안 된다'라는 경고의 사이렌이 울리기 시작했다.

말투와 태도, 포트폴리오, 견적서를 낱낱이 복기하며 빈 구멍을 찾았다. '왜 계약이 안 될까?' '정보를 충분히 잘 전달

좋은 게임에 참여하려면 그만한 능력치가 필요하다

한 것 같은데 고객의 입장에서 뭐가 부족했을까?' '계약을 따내는 대표와 그렇지 못한 나의 차이는 무엇일까?' 등등.

고객은 바보가 아니다. 질문 몇 가지만 던져 보면 어설프고 밑천이 없다는 걸 단박에 알아챈다. 견적을 한두 군데서 받는 게 아니기 때문이다. 결국 경험도 없는 놈이 독이 되는 자신감만 넘쳐서 오만하게 군 게 문제였다. 고객의 입장은 고려하지 않고 회사의 이윤만 생각한 게 문제였다. 겁도 없이 아는체한 게 문제였다. 한마디로 과유불급, 자기과신의 함정에 빠져 있던 것이다.

이 함정에서 벗어나려면 아집과 오만, 독선과 고집을 버려야 한다. 철저한 자기검열과 자기객관화가 필요하다. 취약점이 뭔지 알아야 대비책을 세울 수 있다.

세상을 움직이는
기버들의 성장 공식

가격은 당신이 내는 것이고 가치는 당신이 얻는 것이다.
_ 워런 버핏, 기업인

"사기는 테크닉이 아니다. 사기는 심리전이다. 그 사람이 무엇을 원하는지, 그 사람이 무엇을 두려워하는지 알면 게임 끝이다."

최동훈 감독의 영화 〈범죄의 재구성〉에 나오는 마지막 대사다. 여기서 '사기'라는 단어를 세일즈, 마케팅, 영업으로 바꿔도 이상할 게 없다. 세일즈는 테크닉이 아니다. 세일즈는 심리전이다.

2번 연속 상담 실패를 경험한 후 세 번째 고객을 만났다. 호텔 일식 주방장 출신으로 일식집 오픈을 앞두고 있는 젊은 사장이었다. 자기 장사를 처음 해 본다는 그는 음식 퀄리티에 대한 욕심이 남달랐다. 20평 매장 중 절반이 넘는 공간을 주방으로 확보하고 싶어 했다.

그런데 매장을 오픈하는 지역이 마음에 걸렸다. 편의점조차 상권에 따라 팔리는 물건이 다르다. 가격 민감도가 높은 지역에서는 행사 상품이나 막걸리, 소주, 과자 등 저렴한 제품이 잘 팔리는 반면, 가격 저항선이 없는 지역에서는 와인, 위스키, 치즈, 수입과자 등 트렌디한 상품이 주로 판매된다. 이 차이를 만드는 건 구매력이다. 을지로 뒷골목 식당을 찾는 사람과 고급 음식점이 즐비한 청담동 식당을 찾는 사람의 구매력이 다른 것과 같은 이치다.

고객이 일식집 오픈을 준비하는 지역은 구매력이 그렇게 높지 않은 곳이었다. 가성비, 박리다매, 회전율로 승부를 봐야 하는 지역이다. 그런데 주방을 일방적으로 넓히면 손님이 앉을 수 있는 테이블이 그만큼 줄어든다.

장사를 왜 하는가? 먹고살려고 하는 것이다. 건물주가 자아실현을 위해 오픈하는 매장이 아닌 이상 손님을 끌어모을 수 있는 구조를 만들어야 한다. '고객을 어떻게 설득할 수 있을까?' 깊은 고민에 빠졌다.

상대의 성취를 도와라

나는 승부에서 지고 난 후 밀려오는 열패감을 느끼기 싫어서 노력형 인간이 되었다. 매일 승리하기 위해 철저히 준비하던 습관이 어느새 천성이 되었다. 무엇보다 더는 상담에 실패하고 싶지 않았다.

"문제를 만들 때와 같은 의식 수준으로는 그 문제를 절대 해결할 수 없다"라는 아인슈타인의 말처럼 이 난관을 극복하기 위해서는 이전과 다른 접근법이 필요했다.

'지금 내가 팔고 있는 것은 무엇인가' '고객의 지갑이 열리는 킬링포인트는 무엇인가' '고객은 어떤 경우 구매하지 않는가'라는 1차원적 고민은 끝내 '어떤 가치를 전달할 것인가' '어떤 경험을 선사할 것인가' '성취를 돕기 위해 무엇을 제공할 것인가'로 이어졌다. 그의 성취를 도와주는 게 내가 할 일이라는 생각이 들었다.

좋은 게임에 참여하려면 그만한 능력치가 필요하다

본격적으로 디자인을 삽기 전, 시장조사에 니섰다. 현실적 대안을 마련하기 위해 의뢰인의 매장과 비슷한 20평대 일식집 가운데 장사가 잘되는 다섯 곳을 찾아갔다. 비교적 한산한 시간대에 각 매장을 돌며 식사를 시켰다. 그리고 홀에 앉아 천천히 밥을 먹으며 전체 구조를 파악했다. "인테리어를 공부하는 사람인데 주방 사진을 한 장 찍어도 되겠느냐"라고 사장에게 양해를 구하고 최대한 많은 시각 자료를 확보했다. 특이한 조리도구나 주방 집기를 발견하면 사진을 찍은 후 집에 돌아와 그 용도를 확인했다.

아니나 다를까. 장사가 잘되는 매장은 절대적으로 홀의 비중이 컸다. 업주 중심이 아닌 고객 중심으로 공간이 꾸려져 있었다.

이틀 밤을 꼬박 새우며 상담을 준비했다. 여전히 넓은 주방을 고집하는 그에게 매장 다섯 곳의 사진을 보여주고 각 매장의 장단점을 비교 분석한 자료를 전달했다. 마지막으로 충분히 퀄리티 있는 음식을 만들 수 있는 콤팩트한 주방을 대안으로 제시했다. 한창 이야기를 듣던 그는 생각을 좀 해 보겠다는 말을 남기고 돌아갔다.

의문이 아닌 확신
불신이 아닌 신뢰

다행히도 '넓은 주방을 가지고 싶다'라는 의뢰인의 간절함보다 '어떻게든 계약을 성사시키고 싶다'라는 나의 간절함이 더 컸던 모양이다. 정확히 일주일 후 공사를 진행하자는 연락이 왔다. 순간 의문을 확신으로, 불신을 신뢰로 바꾸는 게 세일즈의 핵심임을 깨달았다.

그 후 누구를 만나더라도 '상대에게 어떤 가치를 전달할 것인가' '어떤 경험을 선사할 것인가' '그의 성취를 돕기 위해 무엇을 제공할 것인가'를 늘 생각한다. 콘텐츠를 만들 때도 마찬가지다. 가치를 전달하고 경험을 선사하고 상대의 성취를 도와야 한다. 이것이 바로 세상을 움직이는 기버들의 성장 공식이다.

CHAPTER 3

생각을 행동으로
전환하는 능력

Do(실행) → Action(개선) →
Do → Action

성공의 8할은 일단 출석하는 것이다.

_ 우디 앨런, 영화감독

2008년 창업된 에어비앤비 ABNB 는 '공유경제 sharing economy'라는 개념을 대중화시키는 데 큰 공을 세웠다. 창업자 브라이언 체스키 Brian Chesky 는 "미국 내에는 무려 8,000만 개의 전동 드릴이 있다. 연평균 전동 드릴의 사용 시간은 불과 13분밖에 되지 않는다. 모든 사람이 굳이 전동 드릴을 소유할 필요가 있겠는가?"라는 말로 공유경제를 명쾌하게 설명했다. "자신의 빈집을 전 세계 사람에게 숙소로 제공한다"라는 파격적인 아이디어에서 출발한 에어비앤비의 시작은 어땠을까?

창업자 브라이언 체스키와 조 게비아 *Joe Gebbia*는 대학을 졸업한 뒤 창업을 위해 샌프란시스코에 둥지를 틀었다. 구체적인 창업 아이디어도, 마땅한 직업도 없던 그들은 당장 아파트 월세를 고민해야 하는 처지였다. 그 와중에 샌프란시스코에서 미국산업디자인협회 콘퍼런스가 열린다는 걸 알게 됐다.

콘퍼런스 참가자들 가운데 분명 저렴한 숙소를 찾는 사람이 있을 터, 그들에게 '남는 방 하나를 빌려주면 어떨까?'라는 생각을 하기에 이른다. 방을 빌려주고 얻은 수익으로 아파트 월세를 해결하려는 계획을 세운 것이다.

이들은 즉각 한 웹사이트에 '80달러면 충분하다'라는 문구와 함께 캠핑장에서 쓰는 에어매트리스 사진 몇 장을 올린 뒤 반응을 살폈다. 그 결과 세 명이 숙소에 대해 문의했고, 이들은 일주일 만에 1,000달러의 수익을 얻게 된다. 에이비앤비의 시작이었다.

그들이 '남는 방 하나를 다른 사람에게 대여한다'라는 아이디어를 즉시 실행하지 않고 머릿속에만 저장했다면 기업 가치 300억 원이 넘는 에어비앤비는 존재하지 않았을지도 모른다. 다른 스타트업처럼 거창한 사업 계획서, 마케팅 실행 계

생각을 행동으로 전환하는 능력

획서, 전략 매트릭스, 업계 동향 분석 등을 마련하느라 시간을 허비했다면 성공은 그만큼 더 늦어졌을 것이다.

모르는 길은
가면서 찾아도 늦지 않는다

"명확한 목표를 가진 사람은 험난한 길에서도 앞으로 나아가고, 목표가 없는 사람은 순탄한 길에서조차 앞으로 나아가지 못한다"라는 말이 있다. 그런데 "실행력이 있는 사람은 험난한 길에서도 앞으로 나아가고 실행력이 없는 사람은 순탄한 길에서조차 앞으로 나아가지 못한다"라는 표현이 더 정확하지 않을까 싶다.

실행력은 한마디로 '자기 생각을 실제 행동으로 전환하는 능력'을 말한다. 나는 무언가를 해 봐야겠다고 생각하면 24시간 이상 끌지 않는다. 곧바로 시동을 켜고 액셀을 밟는 스타일이다. 모르는 길은 가면서 찾는다. 목적지는 그리 중요하지 않다. 그저 출발했다는 것, 스타트를 끊었다는 것, 첫걸음을 내디뎠다는 게 중요하다. 목표와 결과, 숫자가 아닌 오직 '시작'에만 의미를 둔다. 유튜브도 그렇게 시작했다.

현재 아울디자인 유튜브는 인테리어 관련 채널들 가운데
톱3에 들지만, 처음 채널을 개설했을 때만 해도 아무런 목표
가 없었다. 직원들 교육용 영상 자료가 필요했고, 3D 도면이
아닌 시각화된 자료가 고객의 이해도를 높이는 데 도움이 되
지 않을까 싶어 개설한 것이다.

처음 기술을 배울 때도 그랬다. 향후 일 년 목표나 계획은
커녕 한 달 뒤 목표도 없었다. 단지 오늘 그리고 내일 '무엇을
실행할 것인가'만 생각했다.

명확한 비전, 실행 가능한 목표, 구체적 계획을 '자기계발
필수 3종 세트'로 보는 사람이 많은데, 글쎄 나는 잘 모르겠
다. 개인적으로는 어느 정도 성과를 낸 뒤에 설정해도 무리가
없어 보인다. 비전, 목표, 계획을 수립할 시간에 차라리 나는
제대로 된 구심점 하나를 찍는 데 몰두한다. 계획 수립에 들
일 비용과 에너지를 오로지 구심점에 다가가기 위한 실행에
쏟아붓는다. 그 과정을 통해 오류를 체크하고 계획을 수정하
는 식이다.

무엇이든 지금 당장 시작하라

Do(실행) → Action(개선) → Do → Action, 즉 DADA의 중요성을 강조해도 여전히 Plan(계획)과 Check(평가)에 사로잡힌 사람이 많다. 주변에도 보면 PCPC 또는 PPPP만 고집하는 사람이 수두룩하다. 완벽한 계획을 세워 실행하는 쪽보다 실행하면서 계획을 보완하는 쪽의 성공 확률이 훨씬 높다는 사실을 정말 모르는 걸까.

유튜브도 마찬가지다. 영상 퀄리티, 편집과 자막 기술, 섬네일 등을 신경 쓰느라 시작도 못 하니 허접한 영상이라도 일단 올리는 게 낫다. 마음에 들지 않으면 비공개로 전환하거나 삭제하면 그만이다.

얼마 전 모임에서 한 사람을 만났다. 그는 나를 보자마자 유튜브는 어떻게 하는 것이냐고 물었다. 아이디어는 있는데 방법을 모르겠다는 것이다. 이야기를 들어 보니 콘텐츠가 나쁘지 않았다. 다만 연결 감각이 부족해 점처럼 흩어진 아이디어를 잇지 못할 뿐이다. 생각을 연결할 힘이 부족한 그를 대신해 선을 이어주고 구체적인 실행 계획을 세워준 뒤 기분 좋게 자리를 떴다.

얼마 후 우연한 자리에서 그를 다시 만났다.

"구독자는 몇 명이나 모았어요?"

혹시 이 질문의 뉘앙스를 눈치 챘는가. 그렇다. 진행형이 아니라 완료형이다. 내 생각에는 이미 영상을 4~5개 올리고도 남았을 시간이다. 그런데 상대는 토끼 눈을 뜨고 되묻는다.

"무슨 구독자요?"

"그때 유튜브 개설한다고 하지 않았어요? 그날 채널명하고 섬네일 방향에 대한 이야기를 다 끝냈잖아요. 그런데 유튜브가 없다고요?"

"아, 좀 더 디테일하게 구성을 짜 봐야 할 것 같아서요."

건물을 올리려면 골조부터 세워야 한다. 골조를 세우는 데만 허송세월을 보내고 있으면 도대체 언제 건물을 올릴 것인가.

지금 생각하면 눈 뜨고 못 볼 영상이 수두룩하지만 채널을 개설한 뒤 지금까지 단 한 번도 쉬지 않고 매주 영상을 업로드했다. 그 과정을 통해 군더더기를 거둬내고 본질에 다가가는 방법을 찾아냈다. 수백 번의 생각, 수십 장의 계획서보다 단 한 번의 실행이 더 큰 힘을 발휘한다.

제발, 무엇이든 지금 당장 시작하라.

걸작은 수많은 망작을
기반으로 탄생한다

경험은 엄한 스승이다.
먼저 시험에 들게 하고 그 후에 교훈을 주기 때문이다.
_ 버넌 샌더스 로, 운동선수

앞서 말했듯 처음 유튜브를 개설할 때 구체적 목표와 계획이
전무했다. 당연히 유튜브의 '유' 자도 모르는 상태였다. 누군가
의 도움이 필요했지만 주변에 영상을 보는 사람만 있지 채널
을 운영하는 사람이 없어서 영상 제작 업체의 문을 두드렸다.

업체에서 제시한 제작비는 편당 120만 원, 당시 회사의 재
정 상태로는 다소 부담스러운 금액이었다. 하지만 120만 원
을 아끼기 위해 우왕좌왕, 우물쭈물하느니 차라리 돈을 들이

고 빨리 시작하는 게 낫다.

첫 영상을 촬영하는 동안 업체를 따라다니며 촬영 기계, 조명, 마이크, 편집 도구를 파악했다. 그들이 어떤 식으로 편집하고 자막을 입히는지 주의 깊게 살폈다. 경제적으로 여유가 없다 보니 단 두 편을 끝으로 영상 제작 업체와는 이별을 고했다. 그리고 짧은 시간에 파악한 촬영과 편집 메커니즘을 기반으로 자체 제작에 들어갔다.

배를 만들었으면
일단 바다에 띄워라

배를 만들었으면 일단 바다에 띄워야 한다. 물 위에 올려 봐야 배가 뜨는지 가라앉는지 알 수 있다. 눈앞에 바다를 두고도 육지에서 배만 다듬고 있으면 죽도 밥도 안 된다. 영상이라는 배를 유튜브라는 바다에 띄우기 위해 매일 밤 9시부터 새벽 2시까지 사무실에 앉아 편집을 했다. 하루도 빠짐없이 5~6시간을 편집에 매달렸음에도 실력은 좀처럼 나아질 기미가 보이지 않았다.

그때까지 영상이라고는 스마트폰으로 공사 현장을 찍어 본 게 전부였다. 그러니 촬영을 하면 얼마나 잘하고, 편집을 하면 또 얼마나 능숙하게 하겠는가. 이럴 때는 왕도가 없다. 무조건 될 때까지, 익숙해질 때까지, 방법이 보일 때까지 디깅 해야만 한다.

매일 밤 책상 앞에 앉아 의식을 치르듯 편집 프로그램을 열었다. 6개월 동안 다양한 스타일로 영상, 편집, 섬네일을 만들었다. 상업 공간 인테리어, 주거 공간 인테리어, 한창 유행하던 브이로그, 생일 파티, 김장 봉사활동, 인물 인터뷰 등 할 수 있는 모든 것을 다했다. '무엇을 좋아하는지 몰라서 이것 저것 다 준비해 봤어'라는 식이었다.

사실 전문가는 그리 거창한 게 아니다. 한 분야에서 해 볼 수 있는 삽질을 모두 한 사람을 우리는 전문가라고 부른다. 다이슨 창업자 제임스 다이슨_James Dyson_이 사이클론 방식의 진공청소기를 탄생시키는 데 걸린 시간은 5년이다. 그 기간 다이슨이 만들어낸 프로토타입은 무려 5,127개다. 생각해 보라. 1년은 365일, 5년은 1,835일이다. 단순하게 나누기만 해 봐도 하루 평균 2.8개의 프로토타입을 만들었다는 결론이 나온다.

걸작은 수많은 망작을 기반으로 탄생한다. 단 한 번, 단 한 방에 완성할 방법은 없다.

우리는 인내로 정복한다

한 주도 빠짐없이 영상을 업로드하는데 구독자는 좀처럼 늘지 않았다. 도대체 뭐가 문제인지도 모르는 답답하고 암담한 상황이 계속되었다. '사람들에게 우리 콘텐츠가 외면받는 이유가 무엇일까'라는 고민은 어느새 다음 세 가지 질문으로 구체화되었다.

첫 번째, 왜 내 방법이 통하지 않는가? 돌이켜보면 철저하게 자기중심적인 내용이 문제였다. 내가 찍기 편하고, 내가 설을 풀어내기 수월하고, 섭외가 용이한 장소를 중심으로 영상을 만들고 있었던 것이다. 그전까지는 사람들에게 무엇을 줄 것인가, 어떤 도움을 줄 수 있는가에 대한 근본적 고민을 하지 않았다.

두 번째, 지금까지 내가 시도한 건 무엇인가? 앞서 말했듯 할 수 있는 모든 것을 영상으로 담아냈다. 유행하던 요소를 따라가기 급급한 결과 정체불명의 무국적 채널이 탄생했다. 명색이 인테리어 채널인데 관련 정보를 전달하는 콘텐츠가 절대적으로 부족했던 것이다.

세 번째, 반대로 지금까지 내가 시도하지 않은 건 무엇인가? 이 질문에 대한 답은 명확했다. 본질인 인테리어에 충실한 콘텐츠를 시도하지 않았다. 아니나 다를까. 지난 영상을 분석한 결과 채널 성격과 무관한 내용은 여지없이 외면을 받고있었다.

영국의 탐험가 어니스트 섀클턴Ernest H. Shackleton은 1914년 남극을 탐험하기 위해 27명의 대원과 '인듀어런스호'에 탑승한다. 배의 이름은 '우리는 인내로 정복한다'라는 섀클턴 집안의 가훈에서 따온 것이다. 결과적으로 그는 남극 탐험에 실패하고 무려 634일 동안 빙하에 갇혀 있었지만 27명 전 대원과 무사귀환해 영웅의 반열에 올랐다.

다음은 1913년 11월 남극 탐험 대원을 모집하기 위해 그가 《런던타임스》에 실은 광고 문구다.

"위험한 여정을 위한 대원 모집. 적은 임금, 혹독한 추위,

몇 달간 지속되는 길고 완전한 어둠, 끊임없는 위험, 안전한 귀환을 보장할 수 없음. 성공해도 단지 명예와 표창만 얻을 뿐임(Men wanted for Hazardous Journey. Small wages, bitter cold, long months of complete darkness, constant danger, safe return doubtful. Honor and recognition in case of success)."

군더더기를 덜어내기 위한 노력

군더더기 하나 없이 핵심만 담은 이 광고를 보고 탐험대에 지원한 사람은 5,000명이 넘었다. 본질은 그런 것이다. 너무도 간결해서 별다른 미사여구가 필요치 않다. 오히려 수식어가 군더더기처럼 느껴질 뿐이다.

뛰어난 연설가로 유명한 미국의 28대 대통령 우드로 윌슨은 "1시간이 넘는 강연을 하기 위해서는 별다른 준비가 필요하지 않다. 하지만 20분짜리 강연을 준비하려면 2시간 정도가 필요하다. 5분짜리 강연을 준비하기 위해서는 온종일 꼬박준비해야 한다"라는 말로 군더더기를 덜어내는 것이 얼마나 어려운지 토로했다. 굳이 유명인의 말을 빌리지 않더라도 일상에서 늘 경험하는 일이다.

블로그에 장문을 쓰는 것보다 SNS에 올릴 단문을 작성하는 게 더 까다롭고 어렵다. 영상 촬영, 편집보다 섬네일을 만드는 데 훨씬 많은 노력이 요구된다. 불필요한 일을 걷어내기 위해서는 그만큼의 엄청난 에너지와 시간이 필요하다.

나 역시 그랬다. 군더더기를 걷어내고 본질에 충실한 영상을 만들기 위해서는 또다시 무수한 삽질의 세계로 들어가야 했다.

생각과 동시에
실행 버튼을 눌러라

시작하는 방법은
그만 말하고 이제 행동하는 것이다.
_월트 디즈니, 영화 제작자

인테리어와 관련된 영상에 집중하기로 결정하고 나서 사람들이 무엇을 가장 궁금해할지 생각했다. 가장 먼저 '비용'이 떠올랐다. 그래서 벽지, 타일, 조명 등 가격에 대한 정보를 올렸더니 나쁘지 않은 반응이었다. '이 방향이 맞구나'라는 생각에 비슷한 콘텐츠를 제작했는데, 이번에는 반응이 영 시큰둥했다. '이게 아닌가? 맞는 것 같은데…… 한두 번만 더해보자'라며 만든 콘텐츠도 반응이 시원치 않으면 그와 관련된 영상은 더이상 기획하지 않았다. 그렇게 첫 번째 군더더기를 덜어냈다.

삽질도 오래하면 데이터베이스가 쌓인다. 이는 상황을 분석하고 문제를 해결할 수 있는 단서를 제공한다. 그래서 디깅이 중요한 것이다. 6개월 동안 쉬지 않고 삽질한 결과 상업 공간과 관련된 영상은 환영을 받지 못한다는 사실을 알았다. 그렇게 두 번째 군더더기를 제거했다.

0에서 1을 만드는 과정

사실 화려한 볼거리는 군더더기 영상에 더 많았다. 하지만 사람들은 다소 심심해 보이는 주거 공간에 더 큰 반응을 보였다. 그래서 이쪽으로 방향을 잡고 변기 설치하는 법, 셀프인테리어 꿀팁, 인테리어 견적 받는 법 등 실생활에 도움이 될 만한 영상을 꾸준히 올리기 시작했다. 이윽고 '300만 원으로 만든 호텔급 화장실'이라는 제목의 영상이 100만 조회 수를 넘기며 홈런을 쳤다.

이처럼 아이디어는 실험, 수정, 대응, 적용, 반복 등 '만들어가는 과정'을 통해 일관성을 갖추며 확장된다. 하늘 아래 새로운 게 없다고 아무리 좋은 아이디어라도 누군가 한 번쯤은 생각하고 실행해 봤을 것이다. 그런데 성취라는 열매는 아이디어를 처음 떠올린 사람이 아니라 그것을 끝까지 디깅한 사람에게 주어진다.

세상 모든 일이 그렇다. 0에서 1을 만드는 과정이 가장 힘들고 고되다. 무에서 유를 창조해야 하기 때문이다. 구독자 0명을 1,000명으로 만드는 데는 6개월, 1만 명 만드는 데는 1년, 18만 명을 만드는 데는 4년이 걸렸다. 아무리 바쁘고 정신없어도 지난 4년 동안 단 한 주도 빠지지 않고 300여 개가 넘는 영상을 업로드한 결과다. 자극적이지 않고 심심한 집밥 같은 채널이 느리지만 꾸준히 성장하는 이유일 것이다.

인스타도 비슷하다. 유튜브와 성격은 다르지만 성장하는 디깅 공식은 똑같다. 비집고 들어갈 '틈'을 만들기 위한 무한 삽질 → 더 넓고 깊은 '탐색'을 위한 데이터베이스 구축 → '0에서 1'을 만들기 위한 디폴트 형성이 바로 그것이다.

내가 엔터테이너로서의 역량이 높았다면 폭발적·수직적 성장이 가능했을 수도 있다. 그나마 부족한 재능을 꾸준함과 성실함으로 보충한 결과 18만 명의 구독자를 모은 것이나. 타고난 재능이 뛰어난 사람, 탁월한 비범함을 갖춘 사람, 천재성을 지닌 사람, 지식이 많은 사람과 경쟁할 수 있는 유일한 방법은 인내와 노력뿐이다.

세상과 경쟁하는 힘은 재능이 아니라 의지에서 비롯되며, 머리가 아니라 노력으로 완성된다. 문제는 어느 정도 가시적 성과를 보이기 전까지 그 노력이 인정받지 못하는 데 있다.

액션주의자와 리액션주의자

처음 유튜브를 시작했을 때 주변 반응은 한결같았다. 영상 업로드와 동시에 "재미없다" "보는 사람도 없는데 고생하지 마라" "유튜브는 아무나 하는 게 아니다" "손발이 오그라들어서 못 보겠다"라는 피드백이 폭풍처럼 몰려왔다. 전깃줄에 쪼르르 앉아 떠드는 참새 같은 그들의 말은 내게 아무런 영향도 미치지 못한다. 그들이 대신해 영상을 찍어줄 것도 아니고 구독자를 모아줄 것도 아니지 않은가. 그럴 때마다 "뭐래?"라는 한마디로 전깃줄에 앉은 참새들을 쫓아버리고 진짜 중요한 일에 집중했다. 그런데 이런 경험이 처음은 아니다.

영림을 그만두고 기술을 배운다고 했을 때, 회사를 창업한다고 했을 때도 지지와 응원이 아닌 걱정과 우려가 보너스처럼 따라다녔다. 매출, 구독자, 퍼스널 브랜딩, 회사 브랜딩 등 일련의 성과로 노력을 증명한 지금에서야 비로소 "대단하다" "잘될 줄 알았다"와 같은 이야기를 듣는다. 유튜브에서 '러브하우스'를 오픈했을 때도 가장 많이 들은 말이 "안 그래도 내가 생각했던 건데!" "시장조사 좀 하고 해 보려고 했는데"였다.

새로운 스타일의 인테리어를 선보인 뒤에도 마찬가지다. "아, 나도 그거 생각했는데!"라는 피드백을 적지 않게 받는다. 그들은 생각만 했고 나는 생각과 동시에 실행 버튼을 눌렀다. 이게 바로 액션주의자와 리액션주의자의 차이다.

액션을 취하는 사람과 반응만 하는 사람의 결과값이 같을 수 없다. 실제로 나는 지금 당장, 오늘 할 수 있는 '한 가지 활동'을 매일 실행한다. 하다못해 책 한 페이지를 더 읽거나 낯선 오디오북 듣기를 시도하거나 악필을 교정하기 위해 글씨 교본집을 따라 쓰기도 한다. 작고 소소한 행위라도 매일 새로운 한 가지 활동을 하는 게 중요하다. 오늘 목표로 한 활동이 생각보다 빨리 끝났으면 내일과 모레 활동을 앞당기는 것도 방법이다. 그렇게 하루 또 하루 앞당겨지는 활동이 많아지면 이전에 없던 자신감이 생긴다. 인맥도 연줄도 없이 처음 기술을 배워야겠다고 결심했을 때 나는 동네 인력사무소를 출입하는 것부터 시작했다. 현장 분위기를 알고 싶었기 때문이다.

이처럼 한 가지 활동을 날마다 실행하는 사람은 1년 뒤 365개의 경험을 쌓게 된다. 하루 10개 활동을 시도하는 사람은 1년 뒤 3,650개의 경험을 갖게 된다. 3년이면 10,950개, 5년이면 18,250개, 10년이면 36,500개다. 압도적 경험이 만들어내는 압축 성장의 힘을 단 한 번이라도 느껴 본 사람과 그렇지 않은 사람의 차이는 굳이 설명하지 않아도 알 것이다.

물리학 전공자가
일하는 법

품질은 우연히 만들어지는 것이 아니라
지적 노력의 결과다.
　_ 존 러스킨, 건축 평론가

사람들을 만나면 자주 듣는 질문 가운데 하나가 "도대체 그 많은 일을 어떻게 하느냐"라는 것이다. 시간을 쪼개 쓰듯 일도 쪼개면 된다.

　온라인 간편 결제 서비스 페이팔PYPL, 전기자동차 제조사 테슬라TSLA, 민간 우주항공개발업체 스페이스XSpaceX 등은 모두 일론 머스크의 작품이다. "별다른 연관성도 없는 사업들을 어떻게 모두 성공시켰는가?"라는 한 기자의 질문에 그는 "물리학"이라고 한마디로 내답했다. 그는 물리학 전공자다.

물리학은 사물을 쪼개고 쪼개어 기초가 되는 원자 단위까지 분석하는 학문이다. 쪼개면 해결이 안 되는 문제가 없다. 물리학 전공자의 일하는 법을 20대 중반에 스스로 깨우쳤다는 건 적지 않은 행운이었다.

영림에서 영업사원으로 있을 때의 일이다. 입사 초기, 선배들이 모두 영업을 나간 사무실에 혼자 앉아 있었다. 그런데 거래처 여섯 곳에서 동시에 물건을 보내 달라는 전화가 걸려왔다. 공사 현장은 납기일이 생명인데 그날따라 상황이 꼬인 듯했다. 이 문제를 해결하려면 각기 멀리 떨어진 네 군데 공장에 들러서 사람 키보다 큰 자재들을 트럭에 싣고 여섯 군데 거래처에 배송을 완료해야 한다. 최소 2~3명이 필요한 일을 신입사원 혼자 해결해야 하는 것이다.

순간 멘붕이 왔지만 정신을 차리고 자리에 앉아 문제를 쪼개기 시작했다. 커다란 문제를 절반으로 쪼개고, 나머지 절반을 다시 쪼갠 뒤 성격이 비슷한 일들을 카테고리별로 분류했다. 예를 들어 거래처 위치와 동선 〉배달을 묶을 수 있는 지역과 개별로 보내야 하는 지역 〉회사 내에 운용 가능한 트럭의 수와 즉시 섭외 가능한 화물퀵 회사 등으로 정리한 것이다.

불과 한 시간 전만 해도 불가능하다고 여겼던 일인데, 일을 쪼개어 구조화하자 대략적으로나마 전체적인 그림이 눈에 들어왔다. 일의 무게에 압도당해 보이지 않던 것들이 보이기 시작했다. 덕분에 약속 시간까지 납품을 완료할 수 있었다.

아이디어는 떠오르는 게 아니라
발견하는 것이다

고전적 접근법이지만 어렵고 복잡한 일을 해결하는 가장 수월한 방법은 최대한 잘게 쪼개는 것이다. 성인 남성도 100킬로그램짜리 박스를 한번에 옮기기는 쉽지 않다. 하지만 이를 10킬로그램 박스 10개나 5킬로그램 박스 20개로 나누면 이야기는 달라진다. 막연하게 커 보이던 목표나 일도 작게 나누고 쪼개면 생각보다 별거 아니게 된다. 문제를 쪼갠다는 건 결국 디테일을 챙긴다는 뜻이다.

몇 년이 지난 뒤 이런 과정을 '분할 정복divide and conquer'이라고 부른다는 사실을 알았다. 분할 정복은 말 그대로 문제를 쪼개고 풀고 다시 합하는 것이다. "커다란 문제를 작게 분리한다 → 비슷한 것끼리 묶어 카테고리를 만든다 → 카테고리별로 해결책을 찾는다 → 카테고리별 해결책을 모아 '원래 문제'를 풀어낸다"라는 전략이다.

분할 정복, 즉 구조화의 장점은 누가 뭐래도 명확성이다. 너무도 간결하고 명료해서 불필요한 생각으로 시간을 허비할 이유가 없게 만든다. 무슨 일이든 바로 실행에 옮기도록 돕는다. 그래서 나는 "시간이 없다"라는 말을 믿지 않는다.

학창 시절 태권도 선수 생활을 했고, 20대 초반에는 아마추어 복싱 대회에 나가 챔피언을 했을 정도로 운동을 좋아한다. 그런데 최근 6, 7년 동안 운동의 '운' 자도 구경하지 못했다. 주변에서 "왜 운동을 하지 않느냐"라고 물으면 "게을러서 못 한다"라고 대답했다. 정말 운동할 마음이 있다면 기상 시간을 한 시간만 앞당기면 된다. 7시가 아닌 6시에 일어나면 운동을 못 할 이유가 없다. 기껏해야 한 시간 하는 운동을 못하는 건 시간이 없어서가 아니라 게을러서다.

매일 밤 잠자리에 누우면 스마트폰부터 꺼내 든다. 일정표를 점검하기 위해서다. 내일 있을 미팅, 결제, 상담, 회의, 촬영 등을 어떻게 진행할지 머릿속으로 시뮬레이션을 한 번 돌린 뒤 시간과 동선을 체크한다. 그리고 아침에 눈을 뜨면 또다시 일정표를 꺼내 들고 어젯밤과 같은 과정을 반복한다. 대략 5~10분 정도 걸리는데 시간을 효율적으로 쪼개 쓰기 위해선 이만큼 좋은 방법이 없다.

기발한 생각, 비범한 아이디어는 영감처럼 떠오르는 게 아니다. 적어도 내 경우에는 그랬다. 시간을 쪼개고, 일을 쪼개면서 시도한 수많은 실행 끝에 아이디어를 '발견'하는 경우가 많았다. 무료로 집을 고쳐주는 유튜브판 '러브하우스'도 그중 하나다.

누군가의 '일상'이
누군가에게는 '이상'이다

우리에게는 존재하지 않는 것들을
꿈꿀 수 있는 사람들이 필요하다.
_ 존 F. 케네디, 정치인

유튜브를 통해 넘치는 사랑과 관심을 받았다. 이에 대한 감사함을 돌려주어야 한다는 생각을 오래전부터 하고 있었다. 한 모임에서 이런 고민을 밝히자 유튜브 '휴먼스토리' 김도훈 대표가 "예전에 MBC에서 했던 '러브하우스'라는 프로그램 아세요? 유튜브로 그걸 재현해 보면 재밌을 것 같은데, 어떻게 생각하세요?"라는 제안을 했다. 순간 머릿속에서 번쩍하고 불이 들어왔다.

다음 날 출근하자마자 러브하우스 진행을 알리는 영상을 촬영했다. '전액 무료로 인테리어를 할 예정이다, 어려운 이웃의 많은 사연을 기다린다'라는 내용으로 영상을 마무리한 뒤 곧바로 업로드했다.

비용이나 협찬사, 신청자 선정 방법 등 상세한 부분은 순차적으로 정리해도 늦지 않는다. 일단 일을 벌이는 게 중요하다. 시작하면 어떻게든 꾸려 나갈 방법을 찾게 된다. 약속과 관련된 문제는 더 그렇다.

어찌 됐든 일은 시작됐다

하지만 구성원들의 사정은 달랐다. 언제나 그렇듯 대안도 없이 덜컥 일부터 저지르는 스타일에 적응할 만도 한데 매번 새로운 모양이다. 걱정스러운 표정으로 모여든 구성원들이 한마디씩 거들기 시작했다.

"대표님, 좋은 취지인 건 알겠는데 비용은 어떻게 해요? 돈은 누가 대요?"

"협찬사가 나타나면 좋겠지만, 여의치 않으면 사비로 진행하면 돼. 그럴 생각으로 시작한 거야."

"네? 사비로요?"

"부족한 비용은 내가 감당할 테니까 돈 걱정은 하지 말고 일단 해 보자. 이보다 더 좋은 방법이 있으면 말해도 돼. 미리 걱정부터 하지 마. 어떻게든 할 수 있을 거야."

영상을 업로드한 뒤 500여 통의 사연이 도착했다. 사연을 검토하는 데만 일주일이 넘는 시간이 걸렸다. 그때까지만 해도 구성원들은 러브하우스를 그저 '일 하나가 늘었다'라는 정도로 생각하는 듯했다. 그도 그럴 것이 일단 나이 어린 친구들은 그 프로그램 자체를 몰랐다. 어려운 형편에 처한 이웃의 집을 무료로 고쳐주는 프로젝트라는 설명을 들은 뒤에야 "아!" 하고 고개를 끄덕였을 정도다. 인정하고 싶진 않지만 어린 친구들과 이런 대화를 나눌 때면 내가 옛날 사람이 맞나 싶다.

반대로 이 프로그램을 아는 연배의 친구들은 회사에서 중추적 역할을 담당하고 있다. 가뜩이나 바쁜데 협찬사까지 찾아야 하니, 아무리 취지가 좋아도 실무진 입장에서는 부담스러운 게 사실이다.

한 사람이라도 끝까지 노력한다면

아무런 기획이나 계획도 없이 무턱대고 찍은 첫 번째 영상의 조회 수는 10만 회. 서툰 첫사랑의 결과치고는 그리 나쁘지 않았다. 당시 촬영 현장에 있던 모든 사람이 처음 느껴 보는 벅찬 감동에 취해 콘텐츠가 약간 신파조로 빠진아쉬움은 있다. 그래도 좋았다.

먹고살기 위해, 돈을 벌기 위해, 성공하기 위해 배운 기술이 나 자신이 아니라 타인을 위해 쓰일 때 얼마나 큰 가치를 발휘하는지 알게 됐기 때문이다. 연신 감사함과 고마움을 전하는 사연자들을 만날 때마다 '이렇게까지 진심 어린 인사를 받을 자격이 있는 사람인가'라는 생각도 든다.

모두 같은 환경을 누릴 수는 없지만 일반적으로 결로 없는 베란다에 빨래를 널고, 곰팡이 없는 방에서 잠을 자고, 따뜻한 온수가 나오는 수도꼭지로 샤워를 하는 게 그리 특별한 일은 아니다. 그런데 누구에게는 지극히 평범한 '일상'이 또 다른 누군가에게는 커다란 '이상'일 수도 있다. 그 '이상'을 '일상'으로 되돌려줄 힘이 우리에게 있다는 것이 얼마나 경이로운 일인지 모른다.

나만 그런 게 아니다. 촬영 전과 후 구성원들의 마인드가 180도 달라졌다. 진심이 사람의 행동을 어떻게 변화시키는지 그들을 보며 깨달았다. 작은 것이라도 하나 더 협찬받기 위해, 조금이라도 더 좋은 등급의 자재를 얻어내기 위해 이리 뛰고 저리 뛰어다닌다. 나보다 더 적극적으로 나서서 상황을 이끌어 나간다.

감사하는 마음을 가지면 감사할 일이 생긴다. 고맙게도 영상을 업로드한 뒤 러브하우스에 동참하고 싶다는 협찬사가 줄을 이어 나타났다. 세상에 좋은 사람이 이렇게 많았나 싶을 정도다.

"아무리 조롱당하고 상처를 입어도 한 사람이라도 끝까지 노력한다면 이 세상은 좋아지리"라는 돈 키호테의 말을 믿고 싶은 요즘이다.

러브하우스가
쏘아 올린 작은 공

두려움은 희망 없이 있을 수 없고 희망은 두려움 없이 있을 수 없다.

_ 바뤼흐 스피노자, 철학자

2, 3년 전까지만 해도 나 자신의 성취와 성공 외에는 별다른 관심이 없던 사람이다. 정말이지 지독할 정도로 성공만 쫓던 시절이 있었다. 나름 변명을 하자면 일당 6만 원으로 밑바닥에서 시작해 5년 넘게 고생했고, 창업한 뒤에는 포트폴리오 구축을 위해 일 년 넘게 무급여로 사업을 끌고 왔다. 돈이 없다고 해도 이렇게 없을 수 있나 싶을 정도로 어려운 시기도 있었다.

무려 6~7년 동안 극심한 돈가뭄을 겪은 후 급여 통장에 처음으로 1,000만 원이 씩혔을 때는 세상을 다 얻은 듯했다. 평소 명품에 대한 관심이 많지 않았음에도 꾸역꾸역 명품관을 찾았다. 급여가 5,000만 원이 됐을 때는 스스로가 너무도 자랑스러워서 어떻게든 내가 일군 성취를 사람들에게 보여주고 싶었다. 명품 시계, 스포츠카 등 부를 과시할 수 있는 장치를 서둘러 마련했다.

그런데 그때보다 몇 배 더 성장한 지금은 오히려 명품관과 멀어졌다. 선물이 필요할 때 종종 찾을 뿐 일부러 시간을 내어 가지는 않는다. 솔직히 100만 원이 넘는 와이셔츠보다 지금 입고 있는 3만 원짜리 티셔츠, 5만 원짜리 바지가 훨씬 편하고 좋다.

아무리 큰돈이라도 나 자신을 위해서만 사용하면 그 돈은 아무런 가치를 갖지 못한다. 머리부터 발끝까지 명품으로 도배하고 수억 원짜리 스포츠카를 탄다고 한들 그게 사람들에게 무슨 가치를 전달할 수 있겠는가. 졸부 소리나 안 들으면 다행이다.

그런데 내가 이룬 성취를 러브하우스라는 매개체를 통해 사람들과 향유하고 공유하자 그 돈에 가치가 붙기 시작했다. 인생관을 뒤흔든 놀라운 발견이었다.

더 많은 돈을 벌어야 사람들이 성공을 인정해줄 거라고 생각했다. 더 널리 이름을 알려야 사람들이 관심을 가져줄 거라고 믿었다. 평생을 괴롭혀 온 열등감과 인정 욕구는 바닷물과 같아서 마시면 마실수록 더 큰 갈증을 불러왔다. 매출, 연봉, 직원 수, 구독자 수가 계속 증가하고 있어도 더 큰 숫자를 가지고 싶어서 아등바등했다.

그런데 러브하우스를 통해 쏟아지는 칭찬과 응원의 댓글이 평생의 갈증을 한 방에 해결해줬다. 러브하우스가 타인을 이롭게 하는 거창한 일로 포장되고 있지만 사실은 나 자신의 행복을 위한 일임을 부인할 수 없다. 실제로 수많은 격려의 댓글을 볼 때마다 지금보다 더 좋은 사람, 더 멋진 사람이 되고 싶다는 욕심이 생긴다. "복수는 억울한 자가 하는 게 아니라 힘 있는 자가 하는 것이다"라는 드라마 〈재벌집 막내아들〉의 대사처럼 다른 사람을 도울 수 있는 더 강력한 힘을 가진 사람이 되고 싶다.

오스트리아의 정신의학자 알프레드 아들러 Alfred Adler는 "인간은 자신의 행위가 누군가에게 도움이 된다고 느낄 때, 자신이 아닌 다른 사람을 위해 힘써 이바지할 때 '진짜' 자신의 가치를 실감하게 된다"라고 말한다. 이를 위해서는 무엇보다 '공동체 감각'을 기를 필요가 있다고 한다. 공동체 감각이 자기에 대한 집착self interest을 타인이나 사회에 대한 관심social interest으로 바꾸기 때문이다.

처음 이 프로젝트를 시작할 때 관련 영상을 보고 단 한 사람이라도 그 가치에 동의해준다면 성공한 거라고 생각했다. 그런데 단순한 가치 동의를 넘어 적극적으로 협찬사들이 힘을 보탰다. 타일, 도배, 필름 등 동종 업계에 있는 사람들이 영상을 보고 자발적으로 어려운 이웃을 돕고 왔다는 댓글을 볼 때마다 선한 영향력이 가진 무한한 힘을 실감한다. 러브하우스가 쏘아 올린 작은 공이다.

몇몇 사람의 서툰 노력으로 세상이 변하지는 않겠지만 아무것도 안 하는 것보다는 낫다. 개인이 변하면 주변이 바뀌고 주변이 변하면 공동체가 바뀔 수도 있다. 이런 의미에서 보면 이타적 행위는 나 자신을 발전시킬 수 있는 가장 이기적 행동이 아닐까 한다. 타인을 이롭게 하는 과정에서 얻는 성취감과 행복감을 놓치고 싶지 않은 욕심이 이타적 행위로 연결되기 때문이다.

그렇다면 앞으로 더 행복해지기 위해 얼마든지 더 이기적이고, 더 나쁜 놈이 될 각오가 되어 있다.

노력은
나만 하는 게 아니다

어떤 사람들은 3루에서 태어났으면서도
자신이 3루타를 친 줄 알고 살아간다.
_ 배리 스위처, 풋볼 코치

인간은 원래 자신의 실패보다 가까운 사람의 성공에 더 크고
깊은 좌절감을 느낀다. 그래서 학창 시절에는 키 크고 잘생기
고 이성에게 인기 많은 놈이 그렇게 꼴 보기 싫었다. 대학 시
절에는 내로라하는 대기업에 단번에 입성한 뒤 예쁜 여자친
구를 데리고 다니는 놈들이 눈엣가시 같았다. 상대는 신경도
쓰지 않는데 나 혼자 질투, 자격지심, 열등감, 열패감을 느끼
며 스스로 전쟁을 벌여야 했다. 정말이지 평생이 열등감 극복

을 위한 투쟁의 시간이었다고 해도 과언이 아니다.

애초에 나는 그들의 경쟁상대가 될 수 없었다. 체급과 종목, 필드가 다른데 어떻게 경쟁이 이뤄지겠는가. 그럼에도 늘 상대를 이기려고 발버둥을 쳤고 우월한 사람, 특출난 사람, 있어 보이는 사람이 되고 싶어서 목에 힘을 빳빳이 주고 다녔다. 상대도 없는 허공에 끊임없이 잽과 펀치를 날리는 꼴이었다. 그나마 제풀에 지쳐 넘어지지 않은 게 다행이다.

문제는 승률이다

어린 시절부터 그랬다. 무조건 1등을 해야 직성이 풀렸다. 하다못해 초등학교 시절 친구들과 사마귀를 잡을 때도 1등을 하지 못하면 분해서 뜬눈으로 밤을 지새웠다. 중·고등학교 시절에는 다른 학교와 농구 경기가 잡혀 있으면 밤새 학교 운동장에서 농구 연습을 하고 다음날 경기에 참여할 정도로 승부욕이 강했다. 이런 승부욕이 유일하게 발현되지 않는 분야가 있었는데 바로 공부였다.

둘째 아들이 공부에 소질이 없다는 걸 일찌감치 파악한 아버지 덕분에 초등학교 5학년 때 태권도를 시작했다. 나름 힘도 좋고 몸도 잘 쓰니 체육대학교 진학이라는 로드맵을 마련하신 듯했다.

운동이 재미있었느냐 하면 그것도 아니었다. 입에서 쓴내가 나도록 뛰고 또 뛰었던 시절을 생각하면 차라리 교실 책상에 앉아 있는 게 낫지 않았을까 싶은데, 어린 마음은 좀 달랐나 보다. 교실에 앉아 있는 것보다 체육관에 있는 게 더 멋있어 보였고, 구구단을 외우는 것보다 발차기를 하는 것이 더 폼 나게 느껴졌다. 게다가 태권도 선수라는 타이틀은 사람들의 관심을 불러일으키기에 충분했다. 그러니 운동을 안 할 이유가 없었다.

문제는 승률이다. 동네에서는 나름 잘한다는 소리를 들었는데 전국대회만 나가면 상황이 달라졌다. 지고 못 사는 성격이라 이를 악물고 대화를 준비했지만 8강이나 4강에서 떨어지기 일쑤였다.

타고난 피지컬과 뛰어난 운동신경으로 남보다 쉽게 배우고 빠르게 성장하는 재능러를 평범한 사람이 이기는 건 사실상 불가능하다. 게다가 노력은 나만 하는 게 아니다. 만약 내가 100미터를 17초에 달리고 있다면, 재능러는 15초 안팎으로 결승선을 끊는 훈련을 한다.

"독서실에 마지막까지 남아 공부를 한다. 참 웃기는 일이다. 내가 공부를 가장 잘하는데 가장 열심히 한다."

몇 년 전 SNS에서 큰 화제를 모았던 서울대 의예과 수석 합격자의 글처럼 재능으로 충만한 상대 역시 자기보다 뛰어난 경쟁자를 넘어서기 위해 열과 성의를 다한다.

하기 싫은 일을 먼저 해야 하는 이유

애초에 승산 없는 게임인 줄 알았지만 경기에서 질 때마다 끓어오르는 열패감을 어쩌지 못했다. 열패감에서 벗어나기 위해 고된 훈련을 자처했다. 너무 힘들어서 도망치고 싶은 순간도 있었지만 그렇게 원하는 1등을 하기 위해서는 하기 싫은 훈련을 버텨내야만 했다.

세상의 이치가 그렇다. '하고 싶은 일'을 하려면 반드시 '하기 싫은 일'을 먼저 해야 한다. 좋은 대학에 가고 싶으면 하기 싫은 공부가 선행되어야 하고, 주식으로 부자가 되고 싶으면 투자에 앞서 머리가 깨지도록 관련 정보를 학습해야 한다.

가장 하기 싫은 일, 가장 회피하고 싶은 일, 가장 미루고 싶은 일을 해내야 비로소 진짜 하고 싶은 일을 할 수 있다. 인생의 딜레마다.

열등감에
추진력의 날개를 달아라

열등감을 느끼는 것은 자신이 그것에 동의했기 때문이다.

_ 엘리너 루스벨트, 사회운동가

중학교 3학년 태권도 발차기 연습 중 다리에 부상을 입었다. 더는 운동을 하기 어려울 것이라는 청천벽력 같은 진단이 내려졌다. 인생의 절반을 함께한 태권도를 하루아침에 내려놓게 된 것이다. 도복을 벗으니 그야말로 빈털터리, 남은 게 하나도 없었다.

이제 체육관이 아닌 교실에 앉아 있어야 했다. 생전 처음 교과서를 펼쳐놓고 수업을 들었다. 수업 시간마다 '하얀 건

종이요, 까만 건 글씨로다'라는 느낌을 받았다. 공부를 해본 적이 없으니 당연한 일이다. 아니나 다를까. '운동하던 아이'라는 꼬리표가 따라붙기 시작했다.

그러자 운동이 아니어도 충분히 능력 있는 사람이라는 걸 증명하고 싶은 욕구가 솟구쳤다. "운동은 잘했는데……"가 아니라 "운동도 잘하더니 공부도 잘하네"라는 이야기를 듣고 싶었다. 그래서 공부라는 것을 해 보기로 결심했다.

그날 오후 미용실을 찾아가 머리를 빡빡 밀었다. 본격적으로 공부하기에 앞서 나름의 의식을 치른 것이다.

"제아무리 덩크를 잘할 수 있다고 해도 기본을 모르는 놈은 허수아비일 뿐이다. 네 녀석은 스포츠가 뭔지도 모르는 놈이야. 기본이 얼마나 중요한지 몰라."

만화 〈슬램덩크〉에 나오는 대사다. 모든 일에는 기본과 기초가 중요하다. 골조를 제대로 세우지 않으면 건물을 올릴 수 없듯 초등학교 6년, 중학교 3년 총 9년의 학업 공백을 메꿀 학습 대책이 필요했다. 과외를 통해 맥락을 파악하는 법을 배우고 초등 학습서로 개념을 이해하기 시작했다. 국사는 교과서가 아닌 역사책을, 과학은 학습서가 아닌 수준에 맞는 일반

서적을 보며 기본기를 다져 나갔다.

공부가 운동보다 힘든 이유는 경쟁상대가 나 자신이라는데 있다. 운동은 승부를 겨룰 대상이 분명하지만 공부는 다르다. 매일 아침 침대에 더 누워 있고 싶은 나 자신과 싸우고 친구들과 PC방을 가고 싶은 나 자신을 이겨내야 한다.

열등감은 그렇게 전교 석차 380등으로 입학한 고등학교를 전교권 석차로 졸업할 수 있게 만들었다. 누군가는 "운이 좋다"라고 말할 수 있지만 그 뒤에는 아무도 모르는 땀과 눈물이 있다. 동기가 어찌 됐든 노력이 인생을 바꿀 수 있느냐고 묻는다면 나는 감히 그렇다고 대답할 것이다. 내가 그 증인이기 때문이다.

이상하지만 강력한 성장 동력

언제나 그랬다. 열등감의 강도는 열망의 정도와 비례했다. 태권도를 할 때는 어나더 레벨인 선수를 뛰어넘고 싶어서 종일 체육관에서 살았고, 학생 신분으로 돌아왔을 때는 공부를 잘하는 친구가 부러워서 교과서를 펼쳐 들었다. 기술을 배울 때는 자기 사업을 하는 사람이 부러워서 일용직임에도 사장처럼 일했고, 사업이 안정화된 뒤에는 가치를 창출하는 사람이 부러워서 그보다 더 큰 가치를 만들어내기 위해 애를 썼다.

상대의 부러운 점을 어떻게든 내 것으로 만들고 그들을 앞지르려는 욕심이 나를 성장시켰다. '열등한 존재가 아님을 증명하기 위한 발버둥'이 성장 동력으로 작용한 셈이다.

과거와 달리 지금은 나에게 자극을 주는 요소가 많은 사람을 만나면 오히려 반가운 마음이 든다. 어느 정도 내공이 쌓여 열등감을 느끼는 대신 상대의 성장 방정식을 모방하고 흡수할 준비가 되어 있기 때문이다. 새로운 생각이나 경험, 시선, 가치를 선물해줄 귀인일지도 모르지 않는가.

마지막으로 지금까지 한 이야기와는 결이 좀 다르지만 열등감, 자존감과 관련해 새겨두고 싶은 문장이 있어 이를 공유하려고 한다. 《남한산성》《칼의 노래》 저자 김훈 씨는 외롭지 않느냐는 질문에 망설임 없이 다음과 같이 대답했다.

"사람들이 작당해서 나를 욕할 때도 나는 이렇게 생각했어요. '네놈들이 나를 욕한다고 해서 내가 훼손되는 게 아니고, 니들이 나를 칭찬한다고 해서 내가 거룩해지는 것도 아닐

거다. 그러니까 니들 마음대로 해 봐라. 니들에 의해서 훼손되
거나 거룩해지는 일 없이 나는 나의 삶을 살겠다.'"

– 김경,《김훈은 김훈이고 싸이는 싸이다》

CHAPTER 4

급여 통장에
매월 5,000만 원이
꽂히기 시작했다

내가 나를 믿지 않으면
그 누구도 나를 믿지 못한다

우리가 노력 없이 얻는 거의 유일한 것은 노년이다.

_ 글로리아 피처

살다 보면 누구나 귀인을 만나게 된다. 나 역시 지금까지 적지 않은 귀인을 만났다. 사람마다 그 의미가 다르겠지만 내게 귀인은 금전적 도움이나 일확천금을 안겨주는 사람이 아니다. 무조건 내 편을 들어주는 사람도 아니다.

그저 깨달음을 주는 사람, 선한 의지를 심어주는 사람, 변화의 영감을 주는 사람, 좋은 방향으로 이끌어주는 사람을 나는 귀인이라고 부른다.

이들 덕분에 '해 보고 싶다'라는 희망과 비전을 품은 새로운 나를 만나게 됐고, 두려움 없이 앞으로 전진할 힘을 얻기도 했다. 끊임없이 성장점을 자극하는 이들은 "그게 되겠어?"라는 말 대신 "이렇게 해 보는 건 어때?"라고 말한다. 만날수록 더 큰 감사함을 느끼게 하는 공통점도 있다.

아닌 건 아닌 거다

첫 번째 귀인은 창업 1년 차일 때 만난 고객이다. 그가 자신의 건물 2층에 '고양이 호텔' 오픈을 준비 중이었는데 그 현장을 맡게 되면서 인연이 시작되었다. 단순히 클라이언트와 프로젝트 진행자로 끝날 수 있었던 짧은 인연은 예상치 못한 작은 사건으로 오랫동안 이어졌다.

공사가 한창 진행되던 어느 날이었다. 건축 자재를 2층으로 옮기던 직원의 실수로 1층 로비 바닥의 타일 한 개가 손상됐다. 즉시 사과하고 같은 타일로 교체하겠다고 약속한 뒤 사무실로 돌아왔다. 그런데 문제가 생겼다. 국내에서 쉽게 구할 수 없는 고가의 수입 타일이었던 것이다.

있는 연줄 없는 연줄을 총동원해 사방팔방으로 연락을 돌렸지만 같은 타일을 구할 수 없었다. 마음 같아서는 로비 전체를 교체하고 싶었지만 비용이 발목을 잡았다. 타일 전체 교체 비용은 대략 250만 원선, 당시 직원 한 명의 급여와 맞먹는 금액이다.

다른 사람의 공간을 망가뜨렸다는 양심과 돈에 쫓기던 현실 사이에서의 갈등은 그리 오래가지 않았다. 최대한 비슷한 스타일을 찾아 해당 타일만 교체하기로 결정한 것이다. 교체된 현장을 본 그는 상황을 이해한다는 듯 "괜찮습니다"라는 말을 남긴 뒤 자리를 떠났다.

그런데 내 발길이 떨어지질 않았다. 아무리 비슷한 컬러의 타일로 교체한다고 해도 기존 타일과 미묘하게 색감 차이가 난다. 흔히 이색異色 현상이라고 부르는 그것이다. 주변 사람들은 굳이 신경 써서 보지 않으면 잘 모른다고 위로했지만 내 눈에 보이는 게 다른 사람의 눈에 안 보일 리 없다.

그날 저녁 피곤한 몸을 이끌고 자리에 누웠는데 쉽게 잠이 오지 않았다. 남의 공간을 망가뜨려 놓고 어물쩍 넘어가려고 했던 나 자신에 대한 실망감과 돈 앞에서 비굴한 선택을 할 수밖에 없는 현실이 비참하게 느껴졌다.

"아무리 돈에 쫓겨도 이건 아니다. 아닌 건 아닌 거다."

뜬눈으로 밤을 지새운 뒤 날이 밝자마자 고객을 찾아갔다.

"죄송한데요, 제가 생각을 잘못한 것 같습니다. 3일만 시간을 주시면 타일 전체를 교체해 드리겠습니다."

그는 괜찮다면서 극구 사양했지만 두고두고 후회할 일을 만들고 싶지 않았다. 2층 고양이 호텔 공사를 마무리하는 동시에 로비 타일을 교체하기 시작했다. 예상치 못한 비용 발생으로 통장 잔고는 위태했지만 몇 날 며칠 마음을 짓누르던 짐을 덜어낸 것으로 족했다. 3일 뒤 공사가 끝난 로비를 본 고객은 "젊은 친구가 근성이 있다"라며 만족감을 표하고 돌아갔다.

애초에 내가 미봉책으로 해당 타일만 교체한다고 했을 때 그는 얼마든지 클레임을 걸 수 있는 위치에 있었다. 하지만 그러지 않고 나 스스로 옳은 선택을 할 수 있는 기회를 만들어준 그에게 감사했다. 은근슬쩍 현실과 타협하려는 마음에 브레이크를 걸어준 사건이기도 해서 나름 큰 의미가 있는 경험이었다.

타일 한 장이 불러온
신뢰의 나비 효과

얼마 뒤 그에게 예상치 못한 전화가 걸려왔다. 다른 건물의 공사를 맡기고 싶다는 것이다. 알고 보니 그에게는 고양이 호텔 건물 외 여섯 채의 상가가 더 있었다. 이후에도 공사할 일이 생기거나 새로운 상가를 매입할 때마다 계속 연락을 주었다.

창업 초기 자리를 잡지 못해 힘든 시기였는데, 말 그대로 산소 호흡기를 달아준 것이다. "감사한 마음을 가지면 감사할 일이 생긴다"라는 증조할아버지의 말씀이 또 한 번 증명된 순간이었다.

그를 귀인이라고 부르는 이유는 단순히 밥벌이를 해결해 주었기 때문이 아니다. 그는 현장에서 만날 때마다 인생 선배이자 사업 선배로서의 조언을 아끼지 않았다. 노동자의 마인드와 사업가의 마인드 차이를 알게 해주었고, 노후된 건물을 저렴하게 매입해 용도를 변경하거나 리모델링을 통해 가치를 상승시키는 공간 브랜딩에 대한 개념도 일깨워주었다. 그의 조언을 통해 현장에 매몰되어 있던 시선을 건물 전체로 확장할 수 있었다. 덕분에 건물주들이 미처 알아채지 못한 니즈를 파악해 역으로 제안하는 컨설턴트까지 가능하게 되었다. 타일 한 장이 불러온 신뢰의 나비 효과였다.

신뢰는 자신이 뱉은 말을 행동으로 옮기는 사람임을 입증하는 과정을 통해 축적된다. 믿음은 자신이 정직하고 유능하고 성실하고 용감한 사람임을 증명하는 시간을 통해 형성된다. 그 힘은 스스로를 빈곤한 삶, 회피하는 삶, 타협하는 삶을 살도록 내버려두지 않는다.

무엇보다 세상에서 가장 신뢰해야 할 사람은 다름 아닌 나 자신이다. 내가 나를 믿지 않으면 그 누구도 나를 믿지 못한다.

맥도날드는 요식업이 아닌
부동산 사업이다

성공은 대개 그를 좇을 겨를도 없이 바쁜 사람에게 온다.

_ 헨리 데이비드 소로, 사상가

첫 번째 턴어라운드를 통해 포트폴리오를 성공적으로 구축한 뒤 유튜브까지 자리를 잡으면서 회사가 급성장하기 시작했다. 별다른 홍보를 하지 않아도 "영상에 나온 집과 똑같이 해 달라"라는 고객이 줄을 이었다. 몰려드는 고객의 요구를 해결하기 위해 분업화 시스템을 구축했다. 대량 생산이 가능한 양산화 시스템으로 전환한 것이다.

20평대, 30평대, 40평대 각 평수마다 호불호 없는 디자인

몇 가지를 선정한 뒤 정형화된 공간을 붕어빵 찍어내듯 그대로 찍어냈다. 처음 일을 시작할 때의 진심과 절박함은 사라진지 오래, 어느새 그 자리는 '더 많이' '더 빨리' '더 효율적으로'라는 단어가 대체했다. 나 포함 12명의 직원으로 매월 10여건의 공사를 진행하려면 효율성에 목숨을 걸 수 밖에 없다.

'디자인이 항상 똑같다' '새롭지 않다' '공장처럼 찍어낸다'라는 유튜브 댓글이 달리기 시작한 것도 이 무렵부터다. 하지만 말 그대로 돈을 쓸어 담고 있었기에 날카로운 지적이 담긴 댓글을 애써 외면하며 정신없이 현장을 뛰어다녔다. 이런 상황에 두 번째 귀인인 인테리어쇼를 만난 것이다.

더 많이, 더 빨리, 더 효율적으로

극강의 하이엔드를 추구하는 그는 "대한민국 주거 문화를 바꿔 봅시다"라는 다소 발칙한 카피로 일찌감치 사람들의 시선을 끈 인물이다. 무몰딩, 히든 도어를 중심으로 한 '인쇼 스타일'이라는 용어까지 등장시키며 천편일률적이던 주거 공간에 큰 반향을 불러일으켰다. 안 그래도 그가 궁금하던 차에 업계

관련 모임을 통해 인연이 닿았다.

어느 날 저녁, 가벼운 식사 자리에서 그가 아무런 예고도 없이 초대장을 훅 날렸다.

"한 달에 5,000천만 원씩 번다면서? 그 돈 다 어디다 써? 그런 삶이 의미가 있어? 차라리 나랑 세상을 바꾸는 디자인을 만들어 보는 건 어때?"

그는 사람들이 더 좋은 공간을 더 저렴하게 누리는 세상을 만들고 싶다고 했다. 각자 유튜브 채널이 있으니 이를 기반으로 그 과정을 앞당겨 보자는 것이다. 솔직히 그 자리에서는 인테리어쇼의 말이 크게 와닿지 않았다. '내가 너무 잘나가니까 저렇게 말하는 거 아닌가'라는 생각도 잠깐 했다.

저녁을 먹고 돌아오는 길에 "그렇게 돈 벌어서 뭐할 거냐?"라는 질문에 대해 생각해 봤다. 안 그래도 매출이 안정기에 접어들고 난 후 "무엇을 좋아하느냐" "너 자신을 위해 어떤 걸 하고 있느냐"라는 질문을 심심치 않게 받았다. 그때마다 딱히 대답할 게 없어 웃음으로 넘기기 일쑤였다. 여행, 공연, 운동, 산책, 독서 등 여가 시간이 전혀 없었고 운동조차 사치라고 여길 정도로 스스로에게 혹독했던 시기다.

그의 말대로 돈을 버는 방법만 고민했지 이를 어떻게 소비할 것인가에 대한 생각 자체를 해 본 적이 없었다. 20대에도 일명 취업 필수 자격증이라고 불리는 것들을 취득하기 바빠서 그 흔한 해외여행도 가 본 적이 없다. 음주가무를 즐기는 스타일도 아니고 명품에 대한 관심도 그다지 높지 않다. 모르는 분야는 쳐다도 보지 않는 스타일이라 코인이나 주식에도 관심을 두지 않는다. 사업상 필요한 골프도 최근에 시작했을 정도다. 생각해 보니 그의 말대로 돈을 벌긴 벌었는데 딱히 쓸 곳이 없었다.

'지금까지 어디에 가치를 두고 일을 했던 걸까?'라며 처음으로 사업의 가치와 본질에 대해 생각하기 시작했다.

신용카드사의 본질은 외상 관리

사업의 본질과 관련해서 삼성 이건희 회장의 유명한 일화가 있다. 1980년대 후반 이건희 회장이 신라호텔 임원에게 "호텔 산업의 본질이 무엇이냐?"라고 물었을 때 '서비스업'이라는 대답이 돌아왔다고 한다. 하지만 그는 동의하지 않았다. 그가 생각한 호텔업의 본질은 '부동산업과 장치산업'이었다. 맥도날드 창업주 레이 크록도 맥도날드를 요식업이 아닌 '부동산 사업'이라고 정의했다. 사람들을 불러들여야 하는 공간을 기반으로 하는 산업이기 때문이다.

더불어 이건희 회장은 신용카드사의 핵심은 외상 관리라고 봤다. 아무리 실적이 좋아도 카드값을 제때 받지 못하면 회사가 망한다는 것이다. 보험사는 모객, 증권사는 상담, 시계는 패션산업, 백화점은 부동산업, 호텔은 장치산업, 가전은 조립양산업, 반도체는 시간이 승패를 결정하는 시간산업이라고 정의를 내렸다. 참으로 대단한 양반이다.

그렇다면 인테리어 사업의 본질은 무엇일까? 인테리어 디자인은 눈에 보이지 않는 '경험을 디자인하는 것'이다. 공간 디자인이 아닌 경험 디자인이 핵심이다. 단순히 집을 예쁘게 만들고 공간을 아름답게 꾸미는 게 아니라 개개인에게 맞는 가치와 풍부한 경험을 제공하는 체험 산업인 셈이다. 그런데 돈 버는 맛에 취해 이를 까맣게 잊고 대량 생산에 집중하고 있었다.

지금까지 단 한순간도 일에 진심이 아닌 적은 없다. 하지만 잘못된 방향 설정으로 본질과 점점 멀어지고 있음을 깨달았다. "공장처럼 찍어내는 일 그만하고 함께 대한민국의 주거 문화 시장을 바꿔 보자"라는 인테리어쇼의 말에 절로 가치 동의가 됐다.

다음 날 그에게 전화를 걸어 그 가치에 동참하고 싶다는 의사를 밝혔다. 이 전화 한 통이 어떤 결과를 불러올지 그때는 미처 알지 못했다.

기능주의자에서
가치주의자로 전환된 순간

성공으로 향하는 길에는 제한 속도가 없다.

_ 데이비드 W. 존슨, 기업인

경영 전략을 이야기하는 사람들이 항상 하는 말이 있다. 트레이드오프 trade off, 즉 '무엇을 할 것인가'를 결정할 때는 반대로 '무엇을 할 수 없는가'도 고려해야 한다는 것이다. 이 말은 곧 가치를 창출하는 디자인에 집중하려면 돈 버는 행위를 포기해야 한다는 뜻이다. 인테리어쇼와 통화를 끝내고 나서 곧바로 구성원을 불러 모았다.

"기존의 판을 뒤집어야 할 것 같다. 돈이 얼마가 들어도 좋으니 우리도 가치 있는 작품을 한번 만들어 보자."

당장 이틀 뒤 공사 일정이 잡힌 현장의 디자인부터 뒤집기 시작했다. 고맙게도 인테리어쇼가 달려와 자신의 노하우를 공개하고 직원들에게 필요한 기술을 전수해줬다. 그의 서포트를 받으며 최대한 빠르게 디자인 수정을 마무리했다. 해당 고객을 만나 "예산은 5,000만 원이지만 1억 원 이상 투자한 공간으로 만들어주겠다"라고 말한 뒤 180도 바뀐 디자인에 대해 설명했다. 그리고 회삿돈 2,000만 원을 투자해 양산형 디자인으로 구성되어 있던 공간을 하이엔드 디자인으로 탈바꿈시켰다.

더 좋은, 더 많은, 더 나은 가치 찾기

양산형으로 디자인할 때는 보통 녹다운knockdown 방식으로 생산되는 기성품을 사용한다. 녹다운은 운반, 조립, 분해가 용이한 형태로 현장에서 조립해 완제품을 만드는 방식이다. 테트리스를 하듯 기성품을 각 공간에 끼워넣기만 하면 쉽게 마무리된다. 하이엔드 디자인은 정반내 스타일이다. 싱크대, 붙박이장, 신발장, 문틀 등 공간에 들어가는 모든 제품이 일대일 맞춤으로 제작된다. 예정된 공사 기일을 맞추기에는 경험이 턱없이 부족했지만 구성원들과 머리를 맞대고 계속 현장을 수정하며 디테일을 제어해 나갔다. 그리고 언제나 그렇듯 완성된 공간을 촬영해 유튜브에 업로드했다.

그런데 전혀 예상치 못한 일이 벌어졌다. 사람들의 폭발적 관심이 이어지면서 영상 조회 수가 70만을 넘었고, 해당 영상 하나로 3만 명이었던 구독자가 5만 명으로 증가했다. '하이엔드 디자인 = 아울디자인'이라는 수식어가 따라붙기 시작한 것도 이 무렵부터다. 의도치는 않았지만 결과적으로 고객의 집에 2,000만 원을 투자해 몇 배에 달하는 홍보 효과를 거둔 것이다.

이것은 시작에 불과했다. 2주 전만 해도 혹평 일색이던 댓글 창에 디자인에 대한 칭찬과 인정, 공간에 대한 찬사가 쏟아졌다. 태어나서 그렇게 많은 사람의 응원과 환호, 관심을 받은 건 그때가 처음이다. 앞서 평생을 인정받기 위해 투쟁하듯 살았다고 이야기한 바 있다. 그런 사람에게 쏟아지는 일방적인 인정과 관심은 그야말로 생명의 단비와 같았다. 러브하우스를 시작하기 전이라 그 감동은 더했다.

'아, 이런 게 가치구나! 내가 이런 가치를 만들어낼 수 있는 사람이구나!'

온몸에 전율이 일었다. 철저한 기능주의자에서 가치주의자로 전환된 순간이었다. 그때부터 돈은 눈에 들어오지도 않았다. 더 좋은, 더 많은, 더 나은 가치를 발굴하고 채굴하기 위한 과정에 모든 신경이 집중됐다.

고객의 집에 쏟아부은 돈 3억 원

돈이 아닌 가치를 좇기 위해서는 양적 성장을 멈추고 질적 성장에 힘써야 한다. 그런데 양적 성장의 기반이 된 양산형 시스템이 질적 성장의 발목을 잡았다.

하이엔드 디자인은 일반 디자인에 비해 평당 단가가 높다. 이 비용을 감당할 수 있는 고객으로 전환이 이뤄져야 질적 성장이 가능하다. 쉽게 말해서 3억 원짜리 오더를 받아야 하는데 3,000만 원짜리 오더만 들어오는 시스템을 구축해놓은 것이다. 포트폴리오를 업그레이드하지 않으면 기존 예산에 맞취 양산형에 머물러 있을 수밖에 없고, 질적 성장 자체가 불가능해진다.

결단이 필요했다. 2차 포트폴리오 구축을 위해 또다시 마진율을 포기하고 고객의 집에 비용을 투자하기 시작했다. 직원들 인건비와 임대료만 남기고 모든 비용을 공간 퀄리티를 높이는데 재투자했다. 본질에 집중하고 더 좋은 가치를 만들기 위해서는 내가 만든 전통을 스스로 파괴하고 과거의 규칙을 버려야만 한다. 그렇게 1년 동안 고객의 집에 쏟아부은 돈이 3억 원이다.

덕분에 포트폴리오는 한층 풍성해졌고 유튜브 콘텐츠로 재생산되어 대중의 큰 관심을 받았다. 콘텐츠 마케팅의 선순환이 이뤄진 것이다. 그 결과 3,000만 원짜리 오더는 3억 원짜리 오더로, 12명이었던 직원은 35명으로, 70~80억 원에 머물던 연 매출은 100억 원을 넘어섰다. 퀀텀 점프quantum jump, 말 그대로 브랜딩 이미지를 차원이 다른 수준으로 끌어올린 대도약의 시작이었다.

본질을 높이고 가치에 집중하면 돈은 자석처럼 따라온다. 돈을 벌고 싶지 않아도 벌 수밖에 없는 구조가 만들어진다. 지금은 비록 100만 원을 벌지만 1년 후에는 1,000만 원, 2년 후에는 1억 원을 벌 수 있는 구조를 만들어야 한다. 이런 퀀텀 점프를 가능케 하는 게 바로 브랜딩이다. 브랜딩 가치를 올리는 데 드는 비용은 얼마가 들어도 아깝지 않다.

우리가 변화를 거부하는 이유

욕망은 사람을 비겁하게 만들고 두려움은 인간을 나약하게 만든다. 가진 게 없는 사람은 '가지고 싶은 욕망'과 마주하는 순간, 반대로 가진 게 많은 사람은 '잃을 것'에 대한 두려움과 맞닥뜨리는 순간 흔들린다. 나 역시 그랬다.

돈에 매몰되어 있을 때는 직원들이 아무리 좋은 아이디어를 가져와도 계산기부터 두드렸다. "그런 거 하지 마. 돈 들어"라는 말을 앵무새처럼 반복하며 현상 유지를 위해 몸부림을 쳤다.

지금은 정반대다. "이거 해 보고 싶은데 예산이 조금 초과될 것 같아요"라고 하면 "그래? 해 봐. 좀 덜 벌더라도 좋은 가치를 넣어. 그래야 성장한다"라고 대답한다.

우리가 변화를 거부하고 익숙함을 선호하는 이유는 그것

이 주는 효율성 때문이다. 같은 순서, 동일한 구성, 비슷한 패턴에 익숙해지면 불필요한 에너지 낭비를 줄일 수 있다. 적은 노력으로도 기존과 동일하거나 그 이상의 성과를 내게 된다. 이런 현실에 만족하면 굳이 변화를 시도할 이유가 없다. 성장보다 안정이 중요하면 현 상태를 유지하는 데 에너지를 쏟는 게 맞다.

그러나 성공을 바란다면 이야기는 달라진다. 성공이 절실한 사람에게 필요한 건 효율과 안정이 아니라 겁먹지 않는 담력, '현상 유지 편향'에서 벗어나려는 노력, 어떻게든 끝장을 보려는 근성이다.

'나는 할 수 있다'라는 자신감,
'나만 할 수 있다'라는 자만심

현상은 복잡하다. 법칙은 단순하다. 버릴 게 무엇인지 알아내라.

_ 리처드 파인먼, 물리학자

"시속 60마일로 달리는 롤스로이스 안에서 들리는 가장 큰 소음은 전자시계 소리입니다."

단 한 줄의 카피로 롤스로이스를 품절시킨 광고인이 있다. 현대 광고의 아버지라고 불리는 데이비드 오길비 *David Ogilvy* 가 바로 그 주인공이다. 그는 새로운 지사장이 결정될 때마다 러시아 전통 인형 마트료시카를 선물로 줬다고 한다.

마트료시카는 인형 안에 작은 인형이 여러 개 들어가는 독

특한 구조를 가지고 있다. 그가 지점장들에게 마트료시카를 선물한 이유는 분명했다. 가장 작은 인형 속에 다음과 같은 메시지를 넣어놓은 것이다.

"우리가 우리보다 작은 사람을 채용하면 우리는 난쟁이들의 회사가 될 것입니다. 우리가 우리보다 큰 사람을 채용하면 우리는 거인들의 회사가 될 것입니다."

디깅의 기회를 독점하다

불과 일 년 전만 해도 회사에서 가장 바쁜 사람은 다름 아닌 나였다. 20명이 넘는 직원과 안정적인 시스템이 구축되어 있음에도 현장 레이아웃, 디자인, 설계뿐 아니라 고객 상담까지 도맡아 했다. 70~80억 매출이 나오는 회사에서 경영자가 A~Z까지 모두 관여한다고 생각해 보라.

주말과 공휴일, 한밤중, 새벽에 상관없이 '5분 대기조'가 되어야 한다. 분 단위, 시간 단위, 하루 단위, 일주일 단위로 시간 쪼개기가 습관화됐기 때문에 그나마 가능한 일이었다. 당시에는 정말이지 1분 1초도 허투루 쓰는 시간이 없었다. 아니 허투루 쓸 수가 없었다는 게 더 정확한 표현이다.

일을 도맡았던 이유는 단순하다. 내가 하는 게 가장 빠르고 확실했기 때문이다. 반나절이면 끝낼 일을 2~3일씩 붙잡고 있는 구성원을 보느니 차라리 내가 처리하는 게 나았다. 자만심이 하늘을 찌를 때라서 나를 대신할 수 있는 사람이 없다고도 생각했다. 내가 빠지면 지금까지 이루어놓은 것들이 하루아침에 무너질지도 모른다는 불안감도 있었다.

월급쟁이 시절에는 경영자의 관점으로 일했는데 어찌 된 일인지 창업한 뒤에는 실무자의 관점으로 일하고 있었던 것이다. 흔히 말하는 하이퍼포머 리더high performer leader, 즉 자기 일에서 탁월한 역량을 발휘하는 사람들의 고질병이다. 이런 사람은 공통적으로 다음과 같은 특징을 보인다.

첫 번째, 디깅의 기회를 독점한다. 디깅은 결국 '깊이 파고드는 힘'이다. 디깅력은 어떤 대상을 깊이 파고드는 탐구력, 계획을 밀고 나아가는 추진력, 목적한 것을 이루고자 하는 성취력을 양분삼아 강화된다. 그런데 이는 누가 가르쳐줄 수 있는 게 아니다. 자신이 직접 경험해 봐야 한다. 한 가지 예로 일 년 동안 책상에 앉아 부동산 공부를 한 사람보다 한 달 동안 현장을 직접 발로 뛴 임장러가 훨씬 더 많은 것을 배운다. 그런데 리더가 성장 경험을 독점하는 경우 그 조직의 구성원은 늘 제자리걸음이거나 퇴보할 수밖에 없다.

두 번째, 마이크로 매니징micro-mananging에 익숙하다. 이런 리더들은 하나에서 열까지 모든 일에 참견하고 자신이 결정을 내린다. 남과 다른 디테일로 우뚝 선 사람은 더욱 그렇다. 끊임없이 참견하면서 자신은 디테일을 챙긴다고 생각한다. 그저 꼼꼼하게 업무를 잘 살피는 스타일이라고 착각하고 있는 것이다.

세 번째, 액션은 자신이 하고 구성원은 리액션을 하게 만든다. 이런 리더는 실행 속도가 독보적으로 빠르다. 일반 구성원은 그 속도를 따라가는 것조차 버거워한다. 그래서 새롭게 일을 만들기보다는 리더가 벌여놓은 일을 수습하는 데 역량을 집중할 수밖에 없다. 물론 빛나는 성과는 리더의 몫이다.

네 번째, 질서 정연하고 조금도 흐트러지지 않는 일사불란을 선호한다. 논의 대신에 강요, 소통 대신에 지시와 지적을 주된 무기로 쓰면서 강하고 빠르게 조직을 한 방향으로 몰고 간다. 이런 리더에게 가장 중요한 건 속도와 효율이기 때문이다.

다섯 번째, 단기적 관점에 익숙하다. 자동차에 기름이 얼마 남지 않아 서둘러 다음 주유소를 찾아야 하는 운전자처럼 눈앞에 닥친 일에만 집중한다. 단기적인 성과 내기에 급급해 미래를 들여다보지 않는다.

조직의 성장을 방해하는 리더

모두 내 이야기다. 정해진 기간 안에 최상의 결과물을 만들어 내야 하는 일의 특성상 조직의 고삐를 쥐고 쉽게 놓지 못했다. 그렇게 앞만 보고 미친 듯이 달려 나가고 있을 때 세 번째 귀인을 만났다. 웃음건축 송제권 대표다.

그는 내게 일에 너무 매몰되어 있다면서 현재 위치와 역할을 점검해 보라고 조언했다. 인테리어쇼가 일의 가치에 대한 어젠더를 던졌다면 그는 포지션에 대한 문제 제기로 폭주하던 자동차에 브레이크를 걸어줬다.

"이런 상황이라면 지속적으로 성장하기는커녕 현상 유지도 힘들 거야. 얼마 지나지 않아서 쇠퇴하거나 침몰할 수밖에 없어."

그 말을 듣고 나서야 비로소 조직의 성장을 저해하고 방해하는 존재가 나 자신이었음을 깨달았다. 자신감이 있는 사람은 '나는 할 수 있다'라고 생각하지만 자만심에 빠진 사람은 '나만 할 수 있다'라고 생각한다.

사령탑을 맡아야 할 감독이 나만 할 수 있다는 자만심에 빠져 경기장에 직접 뛰어든 꼴이었다. 그것도 모자라 종횡무진 경기장을 누비며 골키퍼, 스트라이커, 포워드, 미드필더, 라이트백 역할까지 하느라 정신이 없다.

이런 경우 경기 전략은 누가 세울 것인가. 감독은 감독대로 지치고 제 역할을 잃어버린 선수는 선수대로 의기소침해져 자신감을 상실한 지 오래다. 승리는커녕 팀이 와해되지 않으면 다행인 상황이다. 거인이 아닌 난쟁이로 가득한 조직이 되기 전에 서둘러 사령탑 본연의 자리로 돌아가야 했다.

인생은 '하느냐' '마느냐'의 양자택일이다

비즈니스의 규칙은 간단하다. 더 쉬운 일을 먼저 하는 것이다.

_ 마크 주커버그, 기업인

사람들은 대부분 고민에 대한 답을 알고 있다. 답을 몰라서 고민하는 게 아니라 이를 행동으로 옮길 자신이 없어서 뭉그적거리는 것이다. 더불어 실패할 경우 빠져나갈 구멍을 마련하기 위해 자꾸 점검이라는 안전장치를 마련하려고 든다.

어차피 인생은 '하느냐' '마느냐'의 양자택일이다. 중간은 없다. 결단이 빠르면 그만큼 변화의 기회가 많아지고, 선택이 늦으면 그만큼 후회와 미련만 커질 뿐이다. 걱정 대신 지금 당장 할 수 있는 일을 하는 게 허투루 보낸 어제에 대한 최선의 반성이자 내일에 대한 최선의 준비다.

나는 늘 그랬다. 송제권 대표의 조언으로 조직에도 리모델링이 필요하다는 사실을 깨달은 후 팀장들에게 업무별로 권한을 위임했다. 하나에서 열까지 시시콜콜 관여하던 행위를 그날로 멈췄다. 필드는 선수들에게 내어주고 사령탑 본연의 역할인 전략 구상에 집중하기 위해서다.

사령탑의 또 다른 이름은 감독이다. 감독의 한자는 '볼 감監' '살펴볼 독督'으로 이루어졌다. 결국 감독은 구성원과 조직, 비전, 전략, 방향성이 잘못되지 않도록 보살피고 다잡는 사람이어야 하는 것이다.

업무에서 손을 뗀 순간 적지 않은 불안이 몰려왔지만 일단 구성원들을 믿어 보기로 했다.

다양성의 원동력, 오리지널리티

가장 먼저 눈에 띄는 변화가 나타난 것은 역시 디자인이다. 기존에는 생각하지 못했던 과감하고 새로운 형식의 공간이 연달아 탄생했다. 톤앤매너*tone & manner*를 중요하게 생각해 두 가지 컬러 이상을 사용하지 않는 나와 달리 과감한 컬러를 전면에 내세운 디자인이 등장했다. 지금까지 그 욕망을 어떻게 눌러 왔을까 싶을 정도로 거침없는 아이디어가 쏟아졌다. 다만 아이디어를 구체화하려면 기술적인 부분이 받쳐줘야 하는데, 이와 관련된 경험이 부족해 좌충우돌할 뿐이었다.

뇌과학자 데이비드 이글먼*David Eagleman*은 "'뇌의 신체 지도'는 유전자에 미리 각인된 것이 아니라 입력되는 정보에 따라 형성된다"라고 말한다. 인간의 뇌는 철저하게 경험에 의존하므로 반복과 축적을 통해 얼마든지 새로운 뇌의 지도를 만들어낼 수 있다는 말이다. 이를 증명하듯 다소 모호하고 뭉툭했던 그들의 생각이 점차 송곳처럼 뾰족해졌다. 이윽고 경험이 만들어낸 리얼함을 기반으로 각자의 오리지널리티를 형성하기에 이르렀다.

이 오리지널리티는 다양성이라는 원동력이 되어 조직의 또 다른 성장을 불러왔다. 하나만 잘하는 게 아니라 다양한 스타일을 소화할 수 있는 브랜딩으로 자리매김한 것이다.

성공적인 권한 위임을 위한 첫 번째 조건은 '버티는 힘'이

급여 통장에 매월 5,000만 원이 꽂히기 시작했다

다. 권한 위임은 짐 가방을 내려놓듯 구성원에서 일을 툭 던지는 게 아니다. 사람은 누구나 자신이 하는 일에 의미와 가치를 느낄 때 열정을 가지고 몰입할 수 있다. 자신의 말이 공허한 메아리가 아니라 의미 있는 결정이 될 때 추진력이라는 날개를 달게 된다. 이를 위해서는 리더가 구성원이 성공 경험을 축적하도록 시간을 벌어줘야 한다. 성과를 달성하도록 끝까지 도와줘야 한다. 이 과정을 버텨내지 못하면 허울뿐인 위임이 되기 쉽다.

두 번째, 명확한 책임의 범위를 공유한다. 구성원에게 책임과 권한의 범위를 명확하게 설명하지 않는 것은 두꺼운 책한 권을 던져주고 시험 범위도 없이 시험을 치르겠다는 것과 같다. 책을 받은 사람은 무엇을, 언제, 어디까지, 어떻게 해야 할지 모른다.

권한 위임도 마찬가지다. 구체적으로 위임의 범위를 알아야 구성원이 안전선 안에서 마음 놓고 자율성을 발휘할 수 있다. "알아서 해"라는 한마디로 위임이 끝나는 게 아니다.

세 번째, 맥락적 접근이 필요하다. 자동차 한 대를 만드는데도 수백 가지 부품이 필요하고 각기 다른 공정이 요구된다. 그런데 자동차 시트만 만들던 사람은 전체 공정에서 문제가 발생해도 이를 해결할 역량이 없다. 어설프게라도 전체 맥락을 이해하는 사람만이 다른 팀에 도움을 요청할지, 전문가를 부를지, 기계를 정비할지 결정할 수 있다. 전체를 알고 부분을 아는 게 중요한 이유다.

사실 영화나 드라마를 볼 때도 맥락을 놓치면 엉뚱한 해석을 내놓기 쉽다. 구성원들이 길을 잃고 헤매지 않도록 이 일을 왜 하는지, 자신이 내린 결정이 조직과 상대에게 어떤 영향을 미치는지 전달해줘야 한다.

100퍼센트가 아닌
70퍼센트로도 충분하다

기대 이상으로 급성장하는 구성원들의 모습을 보는 것만으로도 자기반성의 기회가 됐다. 과거 통제의 늪에 빠져 있을 때는 사실 나 자신과 업무를 분리하지 못했다. 그래서 모든 구성원이 리더의 스타일에 맞춰 업무를 수행하길 원했다. 결과물이 잘못된 것보다 지시와 규정을 따르지 않은 것에 대해 더 크게 화를 냈을 정도다.

그래서 구성원이 어떤 결과물을 가지고 와도 만족스럽지 않았고 아무리 좋은 아이디어를 내도 부족한 부분이 먼저 보였다. 좀처럼 해소되지 않는 갈증은 일방적이고 강압적인 업무 지시로 이어졌다.

얼마 전 만난 영림 황복현 회장님이 "100퍼센트 내 마음에 드는 사람은 없다. 그 사람은 내가 아니기 때문이다. 기대치의 70퍼센트만 수행해도 역량이 넘치는 사람이다"라는 말씀을 하셨다. 나머지 30퍼센트는 리더와 시스템의 몫인 것이다.

리더가 책임져야 할 나머지 30퍼센트 역할 가운데 하나가 조직의 안정화다. 대부분의 영역은 위임을 했지만 고객 상담만큼은 연착륙시킬 필요가 있었다. 매출과 직결되는 것은 물론 브랜딩에 대한 첫인상을 결정하는 고객 접점의 영역이기 때문이다.

소장 욕구를 자극하는
'욕망의 대상'이 되어라

길이 이끄는 곳으로 가지 말고
길이 없는 곳에 가서 흔적을 남겨라.
_ 랠프 월도 에머슨, 시인

세계 경제사를 논할 때 빠지지 않고 등장하는 게 후추와 향신료다. 로마에서는 후추를 금과 교환할 정도였다고 하니 그 가치가 어느 정도였는지 상상이 된다.

콜럼버스가 아메리카 대륙을 찾아 나선 것도, 포르투갈 출신의 탐험가 마젤란이 세계 일주를 시작한 것도 부를 쌓는 데 필요한 향신료를 구하기 위해서였다. 향신료가 대항해시대의 포문을 열고 식민지 건설 경쟁의 불씨가 된 셈이다. 지금은 널린 게 후추지만 이를 구하기 위해 목숨을 건 사람들도 있었던 것이다. 이처럼 같은 물건이라도 시대에 따라 가치 이동이 이뤄진다.

집이라는 공간도 비슷하다. 부모님 세대만 해도 인테리어는 '집수리'에 불과했다. 노후, 누수, 단열, 균열 등 기능적 문제가 발생했을 때 집 근처에 있는 수리 업체를 찾는 게 전부였다. 지금처럼 신축 아파트에 입주하면서 구조를 변경하고 벽지, 타일, 조명을 뜯어 고치는 일은 상상도 하지 못했다.

하지만 시대가 변했다. 가치 이동으로 집은 단순히 밥을 먹고 잠을 자는 공간을 넘어선 지 오래다. 쉼과 일, 여가를 누리는 다기능 공간으로 세계관을 확장하고 있다. 사람들의 높은 관심 덕분에 시장은 급속도로 커졌고, 관련 업체도 우후죽순 생겨났다. 그런데 소비자들은 오히려 업체 선정에 골머리를 앓는다. 정보의 비대칭성이 불러온 문제다.

먼저 가격부터 보자. 소비자 가격이 적혀 있는 일반 공산품과 달리 타일, 벽지, 바닥재 등 내장재는 정가가 표시되지 않는다. 횟집처럼 시가로 책정되는 것도 아니다. 그렇다 보니 여러 곳에서 받은 견적으로 소비자가 시장가를 짐작해 내야 한다. 품질 관리도 그렇다. 일반인의 수준을 뛰어넘은 인테리어 상식을 가진 사람들도 공정 과정이나 시공 품질을 파악하기란 불가능하다. 교환이나 반품이 되는 제품도 아니고 완공되면 뒤집을 수도 없다. 이처럼 불안과 혼란 사이에서 방황하는 고객을 설득하려면 무엇이 필요하겠는가.

거슬림 없이 모든 게 조화로워야 한다

고객은 바보가 아니다. 몇 마디 대화를 나눠 보면 상대가 진짜인지 가짜인지 바로 알아챈다. 많은 현장 경험이 뒷받침되지 않으면 고객을 설득하기는커녕 자신의 얕은 지식을 감추기 위해 전전긍긍할 수밖에 없다. 불필요한 말로 무언가를 자꾸 포장하려 들게 된다.

본질은 거슬리는 게 없다. 간결하고 명확하다. 그래서 별도의 부연 설명을 필요로 하지 않는다. 대표적으로 하이엔드 디자인이 그렇다. 우리가 흔히 말하는 하이엔드 디자인은 고가의 자제와 수입 명품으로 공간을 채우는 게 아니다. 하이엔드는 '거슬림 없이 모든 게 조화롭게 이루어진 공간'을 뜻한다. 선이든 모서리든 눈에 거슬리는 게 단 하나라도 있으면 그것은 하이엔드가 아니다. 고객 상담도 이와 비슷하다. 막힘이나 거슬림이 없어야 한다.

고객이 자신의 이야기를 듣고 고개를 갸웃거리거나 다른 설명을 요구하면 그건 핵심을 벗어나 있다는 뜻이다. 너무나도 당연한 말이지만 고객 상담의 핵심은 상대의 니즈에 있다. 예를 들어 3,000만 원짜리 오더의 핵심은 '가성비'다. 무엇보다 비용이 중요하다. 반면 3억 원짜리 오더의 핵심은 '욕망의 대상'이 되는 것이다. '사고 싶다' '소장하고 싶다' '살아 보고 싶다' '경험하고 싶다' '자랑하고 싶다'라는 욕망을 불러일으켜야만 상대의 지갑을 열 수 있다.

손목시계를 예로 들어 보자. 지금 당신의 눈앞에 두 개의 손목시계가 놓여 있다. 하나는 심박수와 심전도 체크, 생리 주기까지 알려주는 스마트한 손목시계다. 다른 하나는 매일 태엽을 감아야 돌아가는 명품 오토매틱 수동 시계다. 무엇을 선택하겠는가?

말해 봤자 입만 아프다. 당연히 후자다. 욕망의 대상인 동시에 그 시계가 지닌 가치가 남다르기 때문이다.

미닫이 문고리를 잡고
앞뒤로 흔들지 마라

고객 상담을 위임하기 위해서는 구성원 각자가 이런 맥락을 이해하고 설득 노하우를 체득할 시간이 필요하다. 강제적으로 기초 체력 강화를 위한 환경을 만들어줘야만 했다.

이를 위해 모든 상담에 참여하기 했지만 과거와 달리 한 발 뒤로 물러나 앉았다. 대신 상담의 주도권을 가진 구성원이 마음껏 역량을 펼칠 수 있는 분위기를 조성하는 데 주력했다. 생각대로 일이 풀리지 않아 답답하고 안타까운 상황도 있었지만 결정적 순간에만 어시스트하는 것으로 역할을 끝냈다.

아니나 다를까. 평소 75퍼센트였던 계약률이 순식간에 20퍼센트대까지 떨어졌다. 어느 정도 예상한 일이다. 성장에는 반드시 고통이 따른다. 대가 없는 성장은 없다. 이럴 때는 성장통이라고 생각하며 그 시간을 버텨내는 게 최선이다.

계약이 어긋날 때마다 겁을 먹고 의기소침해지는 구성원을 다독이면서 매일 2, 3건의 상담을 진행하게 했다. 이 난관을 극복할 유일한 방법은 꾸준한 반복 훈련뿐이기 때문이다.

그렇게 어느 덧 한 달이 지났다. 20퍼센트에 미물던 계약률이 조금씩 꿈틀거리기 시작하더니 이내 50퍼센트까지 회복됐다. '아, 이제 됐구나!'라는 생각에 그날부로 고객 상담에서도 손을 뗐다.

탁월한 경영이론가로 유명한 체스터 버나드_Chester I. Barnard_는 "조직은 혼자서 할 수 없는 일을 달성하기 위해 존재한다"라고 말한다. 나무판자 두 개를 합치면 한 개일 때보다 6배의 힘을 발생하는데, 이것이 조직의 역할이라는 것이다. 시너지 효과다.

이런 시너지를 내기 위해서는 무엇보다 맥락에 대한 이해가 필요하다. 여닫이문인지 미닫이문인지 그 맥락을 모르면 미닫이 문고리를 잡고 앞뒤로 밀거나 당기는 사람이 생긴다. 옆으로 밀어야 열리는 문을 앞뒤로 당기기만 하니 괜한 힘겨루기로 기운만 빠질 뿐이다. 혹시 미닫이 문고리를 잡고 앞뒤로 흔들고 있는 사람이 나 자신은 아닌지 생각해 볼 문제다.

경사면이 가파를수록
가속도가 붙는 시스템

성공은 실수를 하지 않는 게 아니라
같은 실수를 두 번 하지 않는 것에 있다.

_ 버나드 쇼, 문학가

장기나 바둑, 온라인 게임을 할 때 경기를 이끄는 플레이어는 종종 중요한 수를 놓치곤 한다. 오히려 옆에서 훈수를 두는 사람이 판세를 더 잘 읽어낸다. 상하좌우 어디에도 속하지 않는 객관적 시선이 만들어내는 통찰력 때문이다. 결국 훈수의 지혜는 상황에 매몰되지 않고 현상을 직시할 수 있는 관찰자라는 위치에서 나온다.

당장의 이해관계가 얽힌 실무에서 손을 뗀 후에야 비로소 능동적 관찰자 시점으로 조직을 바라보게 됐다. 가장 먼저 구성원의 활동 레버리지를 높이기 위해 복잡성을 제거할 필요가 있다는 사실을 깨달았다.

사람이 모인 곳이면 어디나 복잡한 이해관계가 얽히기 마련이다. 그저 각자의 역할 또는 입장에 따라 '잘하려고 했을 뿐'인데 문제가 발생하는 경우가 적지 않다. 한 가지 예로 인테리어의 경우 사무실에 있는 디자이너와 현장에 있는 기술 인력의 마찰이 잦다. 그들의 성격이 나쁘거나 유별나서가 아니라 각자 최고의 퍼포먼스를 내려는 과정에서 문제가 발생하는 것이다.

일단 디자이너와 기술자는 정반대의 성향을 가진다. 기술자는 직관적이고 디자이너는 감각적이다. 두 사람이 같은 모임에서 만났다고 치자. 직관적인 사람은 그 자리에서 나눈 대화 내용은 기억해도 상대의 옷차림, 가방, 액세서리 등은 잘 기억하지 못한다. 반면 감각적인 사람은 대화 내용은 떠올리지 못해도 사람들의 차림새는 기가 막히게 기억한다. 그래서 보통 "직관적인 사람은 숲을, 감각적인 사람은 나무를 본다"라고 설명한다.

숲을 보는 사람과 나무를 보는 사람이 모여 공동의 결과물을 만들어내야 하는 것이다.

모두를 무책임하게 만드는
방관자 효과

아무리 좋은 디자인이라도 공간 구조나 기술의 한계로 종종 실행 불가능한 경우가 있다. 그런데 현장 상황을 모르는 디자이너들은 왜 자신의 아이디어가 구현될 수 없는지 쉽게 이해하지 못한다. 이 역시 맥락과 관련된 문제다. 스티브 잡스는 디자인을 먼저 완성하고 나서 엔지니어들을 들들 볶아 디자인에 맞는 기술을 구현했다고 하는데, 우리는 그럴 만한 시간과 비용이 없다. 어떻게든 일정 안에 현장을 마무리해야 한다.

맥락적 이해를 돕기 위해 현장에서 발생하는 문제들을 영상 교육 자료로 만들었다. 이를 모든 구성원과 공유하고 각자 코멘트를 남기는 식으로 시스템을 구축했다. 이 과정을 통해 디자이너들은 현장의 맥락을 대략적으로나마 이해하게 됐고, 이후 두 부서의 활동 레버리지는 눈에 띄게 향상됐다.

문제가 발생하는 구조적 원인을 발견했음에도 이를 개선하지 않으면 상황이 아니라 사람에게 책임을 떠넘기게 된다. 다양한 이해관계, 대내외적으로 복합하게 얽힌 구조에서 발생한 문제임에도 '책임자'부터 찾게 된다. 시스템의 부재로 발생한 문제를 개개인의 성격, 성향, 역량 탓으로 돌리는 것이다. 사람이 원인이라고 생각하면 굳이 시스템을 구축할 이유가 없다. 이런 논리라면 사람만 바꾸면 해결될 문제다. 하지만 어디 그러한가.

말도 많고 탈도 많은 회의를 예로 들어 보자. 회의가 많아질수록 이에 참여하는 사람의 숫자도 늘어난다. 그런데 회의에 참석하는 사람이 많아질수록 역으로 구성원의 책임감은 약해진다. 자신이 아니더라도 의견을 내고 의사결정을 대신할 다른 사람들이 옆에 있기 때문이다. 이를 심리학에서는 '방관자 효과'라고 한다.

한 연구진이 엘리베이터에 몰래카메라를 설치하고 사람들이 어떤 순간 방관자로 돌아서는지 관찰했다. 실험은 단순하다. 엘리베이터에서 연기자가 손에 든 서류를 놓쳐 바닥으로 떨어뜨린다. 이때 동승자가 2~3명 내외면 곧바로 도움의 손길이 나타난다. 반면 5명이 넘어가면 서로 눈치를 보고 머뭇

거리는 시간이 길어진다. '누군가 도와주겠지'라고 생각하기 때문이다.

회의 주제나 안건보다 잡담이 길어지고, 아무런 결론도 내리지 못한 채 1~2시간씩 이어지는 것을 보며 다음 10가지 원칙을 세웠다. 이를 프린트해서 회의실 벽에 붙여놓고 원칙에서 벗어나는 행동을 하면 바로 브레이크를 걸었다. 덕분에 더는 회의를 위한 회의, 무의미한 회의는 하지 않게 됐다.

회의 원칙 10

1. 회의실은 잡담하는 공간이 아니다.

2. 정말 필요한 게 아니라면 회의하지 않는다.

3. 회의에 꼭 필요한 사람만 참석한다.

4. 명확한 목적과 주제 없이 의자에 앉지 않는다.

5. 주최자는 회의 주제와 목적을 참석자에게 미리 공지한다.

6. 참석자는 회의 주제를 사전에 파악하고 준비한다.

7. 주제에서 벗어나는 이야기는 회의가 끝나고 한다.

8. 시작 시간과 종료 시간을 정하고 반드시 지킨다.

9. 참석자 가운데 한 명은 회의록을 작성하고 요약해서 공유한다.

10. 회의 결론은 바로 실행한다.

사람의 행동 양식을 바꾸는 시스템

시스템은 잔소리를 필요 없게 만든다. 시스템이 사람의 행동을 바꾸기 때문이다. 막차 시간이 임박한 버스 정류장의 풍경은 항상 똑같다. 막차를 놓치지 않기 위해 정류장으로 전력 질주하는 한 무리의 사람을 볼 수 있다. 막차라는 시스템에 맞춰 사람들이 움직이는 것이다. 키오스크도 마찬가지다. 여전히 말도 많고 탈도 많지만 어느새 키오스크 앞에 서서 스크린을 터치하는 일이 자연스러워졌다. 새로운 시스템에 맞춰 행동 양식이 변하는 것이다.

시스템은 오르막길을 오르는 것과 같다. 꼭대기에 오르는 과정은 험난하지만 정상에 올라 돌멩이를 아래로 던지면 저절로 굴러간다. 경사면이 가파를수록 가속도가 붙는다. 시스템은 그런 것이다. 추진력이라는 가속도가 붙으면 별다른 힘을 들이지 않고도 쉽게 굴러간다.

어느 순간부터는 아무런 힘을 들이지 않아도 이전보다 더 빨리 굴러가는 단계가 온다. 리더의 의지와 노력, 열정과 시간을 시스템이 대신해주는 것이다. 흔히 말하는 자동 수익화 시스템의 기본 구조도 이와 비슷하다.

이 단계에 이르면 리더는 더 이상 매출과 성과에 매달리지 않고 직원, 시스템, 브랜드라는 무형의 미래 가치에 집중할 수 있게 된다. 리더, 구성원, 브랜딩의 동반 성장이 가능해지는 것이다.

실수와 실패를
'자산'으로 만드는 법

20대에는 의지, 30대에는 기지, 40대에는 판단이 지배한다.

_ 벤저민 프랭클린, 정치인

《부자 아빠 가난한 아빠》의 저자 로버트 기요사키는 자산과 부채를 다음과 같은 말로 명쾌하게 설명한다. "자산은 내 지갑에 돈을 넣어준다. 부채는 내 지갑에서 돈을 빼간다."

　돈은 살아 있는 생물과 같아서 상황에 따라 전혀 다른 얼굴을 하고 있다. 그래서 자산이 부채가 되거나 반대로 부채가 자산이 되는 경우도 적지 않다. 한 가지 예로 월급을 주는 사람의 입장에서 급여는 자신의 지갑에서 나가는 돈, 즉 부채다.

반대로 월급을 받는 사람에게는 자신의 지갑으로 들어오는 돈이므로 자산이 된다.

경영자의 입장을 다시 한번 들여다보자. 표면적으로 직원에게 주는 급여는 내 지갑에서 돈이 나가는 지출이다. 하지만 그 돈을 받은 직원들이 열심히 일해서 수익을 발생시키면 경영자의 지갑에 다시 돈이 들어온다. 그렇다면 경영자의 입장에서 급여는 자산일까, 부채일까? 당연히 향후 새로운 현금흐름을 창출하고, 기업의 가치를 올리는 레버리지에 해당하는 좋은 부채다.

더 많은 돈을
벌어야 하는 이유

여기 또 다른 부채가 있다. 현대인은 시간을 절약하기 위해 돈을 쓴다. 큐레이팅, 구독 서비스가 각광을 받는 이유도 여기에 있다. 가사 노동 해방의 신호탄을 쐈다는 이야기를 듣는 '3대 가사 도우미' 로봇 청소기, 식기 세척기, 건조기의 인기도 이와 무방하지 않다. 자율주행 자동차는 또 어떤가. 운전은

차에게 맡기고 안전하고 안락한 공간에서 여유를 즐기라는 게 주된 광고 내용이다.

그런데 이런 서비스와 기술은 공짜가 아니다. 구독 서비스를 이용하고 3대 가전을 집에 들이고 자율주행 자동차의 운전대를 잡기 위해서 우리는 더 많은 돈을 벌어야 한다. 자동차에서 느긋하게 여유를 즐기기는커녕 할부금과 유지비를 벌기 위해 아침 일찍 출근하고 저녁 늦게 퇴근할 가능성이 농후하다. 시간을 절약하기 위한 소비가 더 많은 시간을 일하게 만들고 있다. 바람직하지 않은 부채의 대표적인 예다.

그런데 표면적으로 손실을 일으킨 부채라고 해서 모두 마이너스인 것은 아니다. 오히려 더 큰 이득을 가져다주는 경우도 있다. 창업 초기에 있었던 일이다.

창업 초기 강남에 위치한 대형 카페의 공사를 맡게 되었다. 여느 때와 같이 별문제 없이 공사를 진행하고 마무리 단계에 접어들었는데, 이른 아침 고객에게서 전화가 걸려왔다. 카페가 물바다가 되었다는 것이다. 깜짝 놀라 달려가 보니 전날 설비를 맡은 업체에서 수도꼭지를 제대로 잠그지 않고 퇴근한 게 문제였다. 밤새 흘러나온 수돗물이 카페는 물론 아래

층에 있던 문구점까지 물바다로 만들어버렸다. 밤새 천장에서 떨어진 물로 문구점은 그야말로 아수라장이 된 상태였다.

모든 노력이 긍정적 결과로 이어지는 건 아니다. 모든 정성이 반드시 열매를 맺지도 않는다. 최선을 다했을 뿐인데 돌아온 결과는 배상금 3,000만 원이었다. 내 의지와 무관하게 거금 3,000만 원이 지갑에서 빠져나간 것이다.

3,000만 원짜리
교육의 힘

이 값비싼 수업료를 그대로 흘려보내면 그야말로 악성 부채가 된다. 하지만 이를 교육의 기회로 삼으면 큰 자산으로 만들 수 있다. 이후 회사 매뉴얼을 만들고 "현장에서 철수할 때는 반드시 수도를 체크하라"라는 항목을 추가했다. 덕분에 똑같은 사고를 더 이상 겪지 않게 되었다. 카페 누수를 통해 3,000만 원짜리 교육을 받은 셈이다.

실패 또는 실수와 관련된 데이터베이스는 흘려보낼 게 없다. 이를 공유하지 않고 복기하지 않으면 똑같은 실수를 거듭

하게 된다. 실수를 공유하는 가장 좋은 방법은 체크리스트를 통해 매뉴얼화하는 것이다. 이런 매뉴얼이 있으면 굳이 구성원들 뒤를 쫓아다니며 하나하나 지적할 필요가 없다. 경영자의 자리를 체크리스트가 대신하기 때문이다.

특히 처음 일을 배우는 신입사원에게 체크리스트는 가장 든든한 지원군이다. 궁금한 게 있으면 언제든 질문할 수 있는 경험 많은 선배의 역할을 대신한다. 다년간의 현장 노하우를 집약적으로 습득하게 도와주는 일타강사이기도 하다. 그래서 이 체크리스트는 항상 현재진행형이다. 집단지성의 힘으로 움직이는 위키피디아처럼 현장에서 새로운 문제가 발생하면 누구라도 업데이트할 수 있도록 만들어놓았다.

예상치 못한 실수와 문제로 값비싼 수업료를 지불했다면 이를 반드시 자산으로 만들어야 한다. 초심자는 특히 그렇다. 창업 초기 부족한 경험은 잦은 실수를 불러왔고, 그 결과 적지 않은 금전적 대가를 치러야 했다. 직장 생활 5년 동안 집약적이고 압축적인 경험치를 쌓았지만 그것으로 충분하지 않았다. 퀄리티를 좌우하는 디테일한 부분은 창업한 후 배운 게 훨씬 많다.

한 줄 두 줄 늘어나는 체크리스트가 누군가에게는 실패 목록 또는 추가 비용으로 보일 수 있다. 하지만 내게는 경험이라는 자산이 차곡차곡 쌓이는 걸로 보인다. 실수와 실패를 부채로 만들 것인지, 자산으로 남길 것인지는 오로지 선택에 달려 있다.

급여 통장에 매월 5,000만 원이 꽂히기 시작했다

CHAPTER 5

마지막
한 꿋을 채워라

자신과의 싸움에서 지고
타인과의 경쟁에서 이기는 사람은 없다

재능은 식탁에서 쓰는 소금보다 흔하다.
재능이 있는 사람과 성공한 사람을 구분 짓는 기준은 노력뿐이다.
_ 스티브 킹, 작가

드라마 〈태양의 후예〉 〈도깨비〉 〈미스터 선샤인〉 〈더 글로리〉
등을 집필한 김은숙 작가는 한 언론 인터뷰를 통해 다음과 같
은 말을 남겼다.

"드라마는 한 시간짜리 엔터테인먼트다. 남의 돈으로 예술
하면 안 된다."

이 말은 굳이 드라마 작가가 아니더라도 새겨 둘 필요가
있다. 디자인, 사진, 광고 등 크레이티브한 영역에서 일하는

사람들은 특히 그렇다. 일이 아닌 예술을 하는 사람이 생각 외로 많다.

멀리서 찾을 것도 없이 우리 회사만 봐도 그렇다. 사람이 살면서 인테리어를 할 일이 몇 번이나 있겠는가. 아무리 내 집 꾸미기가 붐이라고 해도 최소 수천만 원에서 억 단위가 들어가는 일이다. 그래서 어떤 사람에게는 일생에 단 한 번 경험하는 특별한 이벤트가 되기도 한다.

그런데 의뢰인의 예산이나 환경을 진지하게 생각하지 않는 디자이너들이 있다. 타인의 공간에 타인의 돈을 이용해 자신의 꿈과 이상을 펼치려고 든다. 고객의 감성이 아닌 자신의 감성을 담으려고 한다. 예산은 3,000만 원으로 한정되어 있는데 4,000만 원짜리 디자인을 해오는 식이다.

난색을 표하는 의뢰인을 앞에 두고 선생님이 학생을 훈계하듯 공간의 가치를 높여야 하는 이유에 대해 설명하는 사람도 있다. 설득을 가장한 아집을 부리는 것이다.

자기만족을 위한 디자인은 객관성이 결여된 결과물로 탄생하기 십상이다. 그래 놓고 안목이 없는 고객을 탓하고, 돈밖에 모르는 대표를 탓하고, 작품성을 무시하는 회사를 탓한다. 일의 목적을 잃어버렸기 때문이다.

마지막 한 끗을 채워라

'왜'를 모르면 '어떻게'도 알 수 없다

직업을 가진 사람은 예외 없이 '타인의 문제를 해결해주기 위해 존재'한다. 인테리어 업자는 타인의 공간에 쾌적함을 제공하기 위해 존재하고, 자동차 정비사는 차 주인의 안전을 위해 존재한다. 식당 주인은 다른 사람의 허기를 달래주기 위해, 택배와 배달 기사들은 다른 사람의 시간을 절약해주기 위해 존재한다. 하다못해 의사는 아픈 사람의 불편함을 해결해주고, 변호사는 법에 취약한 사람을 도와주기 위해 존재하는 것이다.

이런 맥락을 이해하지 못하면 문제를 바라보는 관점 자체가 일차원적일 수밖에 없다. "제가 이 일을 왜 해요?" "제가 이거까지 해야 하나요?"라는 말이 나오는 이유다.

'무엇을 하는가'보다 이 행위를 '왜 하는가'를 알아야 더 깊이 몰입하고 좋은 성과를 낼 수 있다. '러브하우스를 왜 하는가'를 깨달은 순간 구성원들이 능동적이고 적극적이고 헌신적인 모습으로 변한 것처럼 말이다. '왜'를 모르면 '어떻게'도 알 수 없다. "이 일을 어떻게 해요?"라는 것과 "이 일을 해내려면 어떻게 해야 해요?"는 천지 차이다.

매번 제로에서 작업을 시작해야 하는 직업의 특성상 문제, 문제, 문제 → 해결, 해결, 해결의 일상이다. 출근해서 퇴근하는 순간까지 문제만 보고를 받는 날도 있다. 그런데 적지 않은 사람이 자신을 '문제를 해결하는 사람'이 아니라 '문제를 보고하는 사람'으로 착각한다. "대표님, 어떻게 해요. 누수가 생겼어요" "큰일 났어요. 보일러 배관이 터졌어요"라며 달려오는 사람이 열에 아홉이다. 이들의 보고에는 대책은 없고 하소연만 있다. 이런 행동 역시 일의 목적을 잃어버렸기 때문에 나오는 것이다.

한 가지 예로 홈시어터를 직구한 고객이 있었다. 일부를 매립하기 위해 제품을 뜯어 보니 부속물 하나가 빠진 채 배송됐다. 꼭 필요한 부속물이라 시공 자체가 불가능한 상황이다. "왜 도착한 제품을 진작 살펴보지 않았느냐"라면서 책임을 묻는 고객에게 실무진은 "직구를 고집한 건 고객인데 왜 자신에게 화살을 돌리느냐"라며 맞섰다.

이런 상황이 발생할 때마다 구성원들에게 세 가지 해결책을 제시하라고 말한다. 그 문제를 집요하게 디깅해 보라는 뜻이다. 처음에는 현상과 원인을 혼돈해 엉뚱한 해결책을 들고 오는 경우도 많다. 하지만 이 과정을 반복하다 보면 자신이 정확하게 아는 것과 애매하게 아는 것, 알고 있다고 생각했지만 제대로 모르고 있는 것, 생각보다 깊이 알고 있는 것을 구분하게 된다.

'니 탓, 내 탓'에만 집중돼 있던 시선이 복잡한 이해관계를 해석할 정도로 확장된다. 자신을 도와줄 인적·물적 자원을 확보하는 수준을 넘어 적절한 자원 배분을 통해 생각지도 못한 새로운 방법을 제시하는 사람도 있다.

칭얼대지 마라, 핑계 대지 마라, 불평하지 마라

반면 생각하기 귀찮은 건지, 문제에서 빨리 벗어나고 싶은 건지 모르겠지만 하나의 해결책만 들고 '유일한 방법'이라고 우기는 사람도 있다. 해당 실무자도 그랬다. 고객이 원하는 스펙의 홈시어터로 교체하려면 300만 원의 추가 비용이 발생하는데, 이에 대한 책임을 고객에게 묻겠다는 것이다. 다른 대안은 없느냐고 물어보니 '그게 최선'이라는 대답이 돌아왔다.

답을 못 찾는 사람보다 답이 하나라고 확신하는 사람이 더 위험하다. 오죽하면 프랑스 철학자 에밀 아우구스트 샤르티에*Emile Auguste Chartier*는 "당신이 가진 유일한 아이디어보다 위험한 건 세상에 없다"라고 말했을까. 어떤 문제든 세 가지 이상 해결 방법이 있다고 생각하고, 이를 찾기 위한 연습을 해야 한다. 빠른 시간에 문제해결력을 높이는 좋은 방법이다.

고객에게 책임을 전가하는 것 외에는 대안이 없다는 실무자에게 다음 세 가지 방법을 제시했다. 첫 번째, 국내에서 대체 가능한 부품이 있는지 찾아볼 것. 두 번째, 홈시어터 본사에 연락해 해당 부속품만 따로 구매할 수 있는지 문의할 것. 세 번째, 애초 물건 자체에 문제가 있었으므로 본사가 책임질 부분이 있는지 확인할 것 등이다.

다음 날 빠진 부속품을 대신할 부품을 국내에서 찾을 수 있었다. 단돈 15만 원으로 해결될 문제였던 것이다.

사람은 누구나 실수를 한다. 그 실수가 비용을 발생시키거나 회사 이미지에 큰 타격을 입히는 일이면 겁부터 나는 게 당연하다. 그런데 실수의 무게에 짓눌려 해결이 아닌 자기방어에만 신경을 쓰면 다음에는 더 큰 문제를 경험하게 된다. 문제로부터 자유로워지기 위해서라도 그 문제를 해결해야 한다.

전 UCLA 농구팀 감독 존 우든John R. Wooden은 88연승이라는 전무후무한 기록으로 '웨스트우드의 마법사Wizard of Westwood'라는 별명을 얻었다. 그는 자신의 성공 비법으로 어린 시절부터 아버지에게 들었던 세 가지 교훈에 대해 이야기한다. "첫 번째, 칭얼대지 마라. 두 번째, 핑계 대지 마라. 세 번째, 불평하지 마라"가 바로 그것이다. 세상에 해결하지 못할 문제는 없다. 단지 돈과 시간, 정성, 노력이 필요할 뿐이다. 최악의 경우 포기라는 방법도 있다. 발생한 문제보다 이에 대처하는 태도와 자세가 더 중요하다.

그러니 더는 칭얼대고 핑계 대고 불평하지 마라. 자기 자신과의 싸움에서 지고 다른 사람과의 경쟁에서 이기는 사람은 없다.

더 멀리 가길 원한다면
더 빨리 시작해야 한다

발견은 준비된 사람이 맞닥뜨린 우연이다.

_ 엘베르 센트죄르지, 생화학자

시작을 하든 안 하든 시간은 흘러간다. 더 멀리 가길 원한다면 더 빨리 시작하는 수밖에 없다. 새벽 4시에 출발하는 사람과 오후 4시에 출발하는 사람 가운데 누가 더 멀리 가겠는가. 빠른 실행이 답이다.

구성원들에게 가장 많이 하는 말 가운데 하나가 "빨리 시작하고 빨리 수정하라"다. 완성도에 대한 욕심으로 시작 자체를 미루는 사람이 너무 많다. 예를 들어 일주일의 시간을 주면 5일을 생각하고 이틀 밤을 새워 가며 구체화한다. 주어진 일주일의 시간을 꼬박 채운 후 결과물을 들고 오는 식이다. 그런데 고객이 결과물을 마음에 들어 하지 않으면 어떻게 되겠는가. 일주일의 노력은 흔적도 없이 사라지고 출발점에서 다시 시작해야 한다.

완성도는 생각의 숙성이 아닌 속도를 기반으로 한다. 빨리 시작하고 빨리 보고하고 그 피드백을 바탕으로 수정과 보완을 거치는 게 완성도를 높이는 지름길이다. 흔히 말하는 '애자일 *Agile* 전략'이다.

'기민한' '민첩한'의 뜻을 가진 애자일은 철저하게 과정 중심으로 돌아간다. 절차와 형식, 회의와 보고, 계획과 전략을 버리고 일단 도출된 결과물에 따라 빠르고 유연하게 대처하는 방식이다.

일반적으로 패션회사들은 다음 해에 판매할 제품을 일 년 전에 만든다. 하지만 패스트패션의 선두주자인 ZARA, H&M은 패션계의 전통인 사전 제작 방식에서 탈피한 지 오래다.

ZARA의 애자일 전략은 초기 생산 물량을 15퍼센트로 유지하는 것이다. 전 세계 매장에 제품을 진열할 수 있는 최소

수량이다. 그렇게 프로토타입을 먼저 만들고 고객 반응에 따라 제품별 생산 비율을 조정한다. 초기 생산 물량 가운데 고객의 시선을 끌지 못하는 제품은 더이상 생산하지 않는다. 실행 → 평가 → 개선 → 평가 → 진행 → 평가 → 보완을 반복하며 디테일을 정리한다.

별 볼일 없는 사람이
별 볼일 많은 남에게 관심이 많다

보통 사람들이 실행이 아닌 계획에 집중하는 이유는 평가에 대한 두려움 때문이다. 또래에 비해 워낙 많은 실행을 한 경험자로서 통계를 내 보면, 보통 새로운 일을 시작할 때 주변 반응은 크게 세 가지로 나뉜다. 그리고 이 반응은 폭죽처럼 한 번에 터지는 게 아니라 그라데이션처럼 서서히 나타난다.

첫 번째, 언제나 그렇듯 가장 먼저 등장하는 사람은 조롱과 비난을 일삼는 무리다. 앞서 유튜브를 개설할 때 주변 반응이 그렇게 호의적이지 않았다고 말했다. 어떤 일을 하든 처음에는 이런 불청객을 만날 수밖에 없다. 자신의 인생이 별 볼일 없으니 별 볼일 많은 남의 인생에 관심을 두는 것이다.

두 번째, 불청객의 방해에도 굴하지 않고 한 우물을 파고 있으면 '너무 무리하는 거 아니냐'라는 안정주의자들이 등장한다. 이들은 '더는 일을 벌이지 말고 지금 하는 것에 집중하는 게 어떠냐'라는 조언도 잊지 않는다.

세 번째, 작은 성과라도 이루면 마침내 그들이 나타난다. "아, 나도 생각했던 건데!" "오, 이게 될 줄 몰랐네. 진작 해볼걸"이라는 말을 녹음기처럼 반복하는 껄무새, 리액션주의자들이다. 하지만 별 상관없다. 그들이 또다시 "했어야 했는데" "나도 생각했는데" "지금 들어가기에는 너무 늦었을 텐데"라고 한탄하는 순간에도 나는 새로운 무언가를 펼치고 있을 것이기 때문이다.

일론 머스크가
주 100시간 일하는 이유

능동적인 행동주의자, 진취적인 실행주의자, 자발적인 실천주의자, 지독한 노력주의자는 기본적으로 '쾌락 추구 욕구'가

강하다. 몰입이 주는 쾌감에서 벗어나지 못하기 때문에 더 큰 성취를 향해 쉴 없이 달린다. '몰입flow 이론'으로 유명한 심리학자 미하이 칙센미하이Mihaly Csikszentmihalyi는 "'자기목적적 경험autotelic experience'에 빠져드는 사람은 어떤 분야의 전문가도 될 수 있다"라고 말한다.

일론 머스크는 유명한 일중독자다. 지난 20여 년간 주 100시간씩 쉬지 않고 일한 것으로 알려져 있다. 미국의 일반 직장인보다 두 배 더 많이 일한 셈이다. 컨베이어벨트 앞에 앉아 있는 산업시대의 노동자처럼 하루 14시간 이상 일을 하고 있다. 과연 그 원동력이 무엇이겠는가.

디테일을
더 디테일하게 관리하라

극히 조심한다는 방침이야말로 가장 위험한 것이다.

_ 자와할랄 네루, 정치인

에르메스 하면 떠오르는 게 새들 스티치 saddle stitch 다. 과거 말 안장을 만들 때 사용하던 수공 박음질 기술인 새들 스티치는 에르메스를 상징하는 시각적 표시이자 정체성을 나타내는 도 구로 인식되고 있다. 장인들이 한 땀 한 땀 꿰매어 최고 품질 을 만들어내는 방식인데, 장인이 되는 과정이 절대 녹록지 않 다. 일단 에르메스 학교에서 3년 기본 수업을 마친 뒤 2년의 수련 과정을 거쳐야 한다. 거기에 2년 이상 경력이 더해져야 비로소 제품을 만들 수 있는 자격이 주어진다. 손바느질 교육만 7~10년을 받는 셈이다.

장인이 일주일 동안 만들어내는 가방 개수는 평균 2개다. 그럼에도 본사는 검수 과정에서 바느질 불량이 발견되면 가차 없이 불태운다. 그 어떤 것과도 타협하지 않는 장인정신과 "완결성에 집중한다"라는 스토리텔링이 더해진 결과 '명품 위의 명품'이 탄생한 것이다.

에르메스에서 생각하는 바느질의 불량 기준을 알 수는 없지만 아마도 일반인이 봤을 때는 '어?'라는 느낌을 받을 확률이 높다. 실제로 보면 '아니, 뭐 이 정도로 불에 태울 것까지 있나'라는 생각을 할 수도 있다. 미묘한 디테일의 차이가 만들어내는 완결성의 기준이 다르기 때문이다.

앞서 하이엔드 디자인은 눈에 거슬림이 없어야 한다고 말했다. 선과 선, 면과 면이 만나는 부분이 어긋남 없이 물 흐르듯 자연스러워야 한다. 남들이 볼 때는 그저 그런 한 끗 차이지만 절실함과 집요함 없이는 절대로 완성되지 않는 게 디테일이다.

그래서 디테일에 있어서만큼은 함부로 만족하지 않는다.

허투루 양보하지 않는다. 디테일을 더 디테일하게 관리한다. 귀찮고 힘들다는 이유로 하나둘 양보하기 시작하면 진짜 대신 가짜가 주인의 자리를 꿰차고 앉는다. 반칙과 요행이 원칙을 대신하게 된다.

굳이 문제를 삼아 문제를 만드는 사람

작년에 일어난 일이다. 한 아파트 인테리어 공사를 끝내고 마지막 점검을 나갔는데 바닥 타일과 중문 라인의 연결이 매끄럽지 못한 것을 발견했다. 고객은 물론 여러 실무자가 드나들었음에도 누구 하나 라인의 불일치를 눈치 채지 못했다. 이 말은 곧 문제 삼으면 문제가 되지만 문제 삼지 않으면 문제가 되지 않는 상황이다.

그런데 '굳이 문제 삼아 문제를 만든 사람'은 다름 아닌 나였다. 사실 입주 청소만 남겨 둔 상황이어서 고객이 클레임을 제기하지 않으면 그대로 넘어가도 된다. 그런데 '이 정도는 괜찮다'라며 작은 디테일을 하나둘 포기하고 양보하는 순간 회사든 사람이든 그 가치가 떨어지기 시작한다. "남들도다 그렇게 한다"라며 합리화하면 나 자신도 남들과 똑같은 그저 그런 사람이 되고 만다. 융통성은 이럴 때 발휘하라고 있는 게 아니다.

그 자리에서 고객에게 전화를 걸어 재공사에 대한 양해를 구했다. 고객은 결정적 하자도 아니고 사는 데 아무런 문제가 없다며 극구 사양했지만 퀄리티에 대한 타협은 불가하다. 입주 일정에 차질이 생기지 않도록 기간 내 재공사를 끝내고 청소까지 우리가 마무리하는 것으로 상황을 정리했다.

시험에서도 한 문제로 합격과 불합격이 나뉜다. 올림픽에서도 한 끗 차이로 메달의 색깔이 바뀐다. 이를 운이라고 말하는 사람도 있겠지만 그 운을 만들어내는 게 바로 집요한 몸부림이다. 이 한 끗 차이가 비범함과 평범함을 가르는 것이다. 사람을 대하는 방식도 마찬가지다.

드릴을 판매하려면 구멍을 팔아라

마케팅에 관심을 가진 사람이라면 "드릴을 판매하려면 구멍을 팔아라"라는 말을 들어 봤을 것이다. "상품을 판매하려면 성능이 아닌 고객이 느끼는 가치를 먼저 고려하라"라는 뜻이다. 판매자는 드릴을 판다고 생각하지만 구매자는 공구보다 드릴로 뚫는 '구멍'에 더 큰 가치를 두기 때문이다. 벽의 손상을 최소화하고, 적은 힘으로 깔끔하게 구멍을 뚫는 방법이 궁금한 사람에게 그립감, 드릴 회전력, 배터리 잔량 표시 등을 설명해 봤자 귀에 들어오지 않는다. 이보다는 드릴 구매로 얻을 수 있는 가치에 대해 설명하는 게 훨씬 낫다.

여기에 한 끗 차이만 얹으면 평범한 이야기가 비범한 스토리텔링으로 발전할 수도 있다.

몇 년 전의 일이다. 사무실에 있는데 현장에 나간 직원이 전화를 걸어왔다.

"대표님, 큰일 났습니다. 실수로 안방에 있는 붙박이장을 철거해버렸어요."

누구나 아름답고 세련되고 편한 공간을 원하지만 늘 비용이라는 현실이 발목을 잡는다. 크게 욕심부리지 않고 몇 가지 자재 등급만 높여도 예산이 훅 올라가는 게 인테리어다. 오죽하면 고객이 보는 눈만 높아지는 게 서글프니 자신의 예산을 넘기는 스펙은 아예 보여주지 말라고 말하는 경우도 있다.

문제가 발생한 현장도 이와 비슷한 상황이었다. 의뢰인은 올수리 대신 현실과 적절한 타협을 했다. 안방에 있는 붙박이 장이 몇 년 되긴 했지만 아직 쓸 만해서 재사용하기로 결정한 것이다. 그런데 현장에서 무슨 오류가 있었는지 전체 철거를 해버린 상황이다.

실무자는 고객에게 이실직고하고 깔끔하게 배상하는 게 어떠냐고 물었다. 그런데 이때 조금만 더 집요하게 해결 방법을 생각하고 상대의 입장을 한 번 더 고려하면 전혀 다른 대안이 탄생할 수도 있다.

실무진에게 해당 고객의 연락처를 받아 전화를 걸었다.

"현장에 가 봤는데 생각보다 붙박이장이 좀 낡았네요. 새 집에서 기분 좋게 시작하셔야 하는데 두고두고 속상하실 것 같아서요. 서비스로 새 장을 맞춰드리고 싶은데 어떠세요?"

이런 뜻밖의 선물을 마다할 사람은 없다. 말 한마디에 따라 붙박이장이 기분 좋은 선물이 되기도 하고 부담스러운 추가 비용으로 전락하기도 한다. 똑같은 비용을 들이는데 정반대의 효과, 정반대의 가치를 지니게 되는 것이다.

고객은 자신에게 도움이 될 만한 정보나 기대 이상의 가치와 감동을 느끼면 자발적으로 이 이야기를 주변에 공유하고 나눈다. 가공된 인위적 콘텐츠보다 살아 있는 스토리텔링을 좋아하기 때문이다. 실사용자, 실구매자의 말과 행동만큼 설득력이 강한 마케팅 메시지가 있을까.

결국 마지막까지 문제를 집요하게 물고 늘어지는 힘이 한 끗의 비범함을 만들어낸다. 이 한 끗 차이의 디테일이 그가 어떤 사람인지 설명한다.

반칙이 아닌 원칙, 타협이 아닌 기본

밤새 복통에 시달린 사람이 있다고 하자. 날이 밝자마자 그가 식은땀을 흘리며 병원 진료실로 들어선다. 그런데 배가 아파서 왔다는 환자에게 의사가 묻는다.

"그래서 설사약을 줄까요, 소화제를 줄까요?"

의사가 환자에게 '선택이라는 공'을 던진 꼴이다. 엉겁결에 의사가 던진 공을 덥석 받아 든 환자의 머릿속은 복잡하다.

'그래서 배탈이라는 거야, 체했다는 거야? 도대체 나보고 어쩌라는 거지?'

이런 현상은 업무에서도 자주 일어난다. 한 가지 예로 고객한테 의존해 디자인을 풀어 나가는 구성원들이 있다. "고객님, A스타일로 하실래요? B스타일은 어떠세요? 아, 여기 요즘 유행하는 C스타일도 있어요!"라며 선택권을 상대에게 넘긴다. 이런 부적절한 태도를 지적하면 상대는 고객에 대한 배려라고 변명한다. 말도 안 되는 소리다. 소화제와 설사약 중 하나를 선택하라는 의사의 말이 배려로 들리는가.

자신이 만들어낸 결과물에 대한 확신이 부족해서 선택을 타인에게 미루는 것뿐이다. 결정을 타인에게 미루는 노비 근성, 자신이 선택하지 않았으니 책임을 지지 않아도 된다는 합리화, 비판받지 않으려는 적당주의의 합작품이다. 바느질 하나만 잘못돼도 불태워지는 가방의 비범함은 집요함을 바탕으로 만들어졌다는 사실을 다시 한번 떠올릴 필요가 있다. 마지막 한 끗은 자신이 아니면 그 누구도 채울 수 없다.

그러니 스스로와 타협하지 마라. 반칙이 아닌 원칙, 타협이 아닌 기본을 지켜라. 타협이나 반칙을 하면 당장 괴로움은 모면할 수 있겠지만 그 결과를 모면할 수는 없다. 반드시 부메랑으로 되돌아온다.

공짜 치즈는
쥐덫에만 있다

우리는 자신을 이김으로써 스스로를 향상시킨다.

_ 에드워드 기번, 역사가

3년 전 회사 이름만 대면 알 만한 모 기업의 회장님한테서 연락이 왔다. 유튜브를 보고 마음에 들었다며 자신의 집을 두 달 안에 고쳐 달라고 했다.

하지만 이미 3개월 스케줄이 꽉 찬 상태로 새로운 공사를 추가할 여력이 없었다. 사실 무리하면 어떻게든 일정은 맞출 수는 있겠지만, 그럴 경우 다른 현장에 피해가 간다. 벌써 몇 개월을 기다린 고객들도 있는데 그들에게 품질 저하라는 결괴물을 돌려줄 수는 없었다.

회사의 상황을 설명하며 정중하게 거절 의사를 밝히자 다른 방법을 찾으라는 피드백이 돌아왔다. 이미 잡혀 있는 스케줄 가운데 하나를 뒤로 빼면 되지 않겠느냐는 것이다.

원칙을 지키면 더 큰 기회가 온다

나도 사람인지라 욕심이 안 났다면 거짓말이다. 일단 퀄리티 있는 레퍼런스를 추가할 수 있는 좋은 기회고, 비용적인 부분도 무시할 수 없다. 하지만 경제적인 잣대로 일의 중요도를 나누면 나머지 현장은 작고 하찮은 일이 된다. 하찮은 일에 누가 최선을 다하겠는가. 작은 일을 하더라도 전력을 다해 임해야 한다고 배웠다.

원칙은 지키라고 있는 것이다. 원칙을 지키면 다음에 더 좋은 기회가 온다. 지금까지 늘 그랬나. 다시 회장님에게 전화를 걸었다.

"너무 좋은 기회를 주셔서 감사합니다. 저도 포기하고 싶지 않지만 이 현장은 포기하는 게 맞는 것 같습니다."

"자네는 기회가 와도 못 잡는구먼."

회장님은 영 못마땅한 목소리로 전화를 끊으셨다.

그런데 몇 달 뒤 다시 그분에게서 연락이 왔다. 지방에 큰 사옥을 짓는데, 그 현장을 맡아 보라고 하셨다. 회사를 한 단계 업그레이드할 수 있는 절호의 기회가 왔다는 걸 단번에 알았다. 매일 아파트 현장만 오가던 우리에게 사옥 공사는 거부하기 어려운 달콤한 유혹이다. 하지만 이 제안 역시 거절해야 했다. 준비가 안 됐기 때문이다.

일단 당시에는 지방 인프라가 없었다. 공사 진행은 어떻게 해 보겠지만 사후관리가 문제다. 인테리어는 사실 사후관리에서 승패가 나뉜다. 그런데 문제가 생길 때마다 서울에 있는 직원을 지방으로 내려보내는 게 말처럼 쉽지 않다.

결국 이 '기회'의 주인은 내가 아닌 것이다. 나보다 더 준비가 잘된 사람에게 돌아가야 할 행운이다. 그렇게 생각을 정리한 후 다시 전화기를 들었다.

"죄송하지만 제가 아직 지방 공사를 할 수 있는 여건이 안 됩니다."

회장님은 지난번보다 더 크게 역정을 내고 전화를 끊으셨다. 거절은 했지만 아쉬운 건 아쉬운 거다. 나름 씁쓸한 마음을 달래고 있는데 다시 전화벨이 울렸다. 저녁을 사 줄 테니 자신이 있는 근처로 오라는 내용이었다. 이른 저녁 만난 자리에서 회장님은 "강단과 신의가 있는 건 좋은데 큰 기회를 놓치진 않았으면 좋겠다"라는 말씀과 함께 사업에 필요한 여러 가지 조언을 해주셨다. 새내기 창업가에게는 참으로 귀하고 소중한 경험이었다.

돈은 잃어도 신뢰는 잃지 마라

기회는 양날의 검과 같다. 제대로 준비되지 않은 사람이 욕심을 부리면 위기라는 칼끝이 자신을 향한다. 무엇보다 무리하지 않는 게 중요하다. 운동할 때도 보면 자신의 신체적 한계를 아는 숙련자는 무리하는 법이 없다. 오히려 자신의 한계를 모르는 초심자가 섣부르게 덤볐다가 부상을 입는 경우가 많다.

"공짜 치즈는 쥐덫에만 있다"라는 이야기도 있지 않은가. 돈은 잃어도 신뢰를 잃어서는 안 된다. 아무것도 없던 창업 초기, 신뢰라는 이름의 평판은 늘 구원투수가 되어 주었다. 입에서 입으로 전해지는 평판은 꼬리에 꼬리를 무는 고객으로 이어졌다. 경쟁우위를 확보하는 데 강력한 힘을 발휘한 무형 자산이었던 셈이다.

이것이 바로 대한민국에서 둘째가라면 서러울 정도의 욕망 덩어리인 내가 신뢰에 목숨을 거는 이유다.

감사한 마음을 가지면
감사할 일이 생긴다

감사하는 마음은 가장 위대한 미덕일 뿐 아니라
다른 모든 미덕의 근원이 된다.

_ 키케로, 수사학자

롤모델이자 가장 존경하는 사람 가운데 한 명이 바로 돌아가신 증조할아버지다. 할아버지는 동네에서 소문난 자린고비였다. 버스비보다 고무신 가격이 싸다는 이유로 비가 오나 눈이 오나 걸어다니셨고, 과일은 늘 떨이로 파는 썩은 감만 구입할 정도로 근검절약이 몸에 밴 분이었다. 평생 고생한 자신을 위해서는 10원짜리 하나도 안 쓰셨지만 손주인 내가 오락실에 간다고 하면 한복 주머니에서 선뜻 3,000원을 꺼내주실 정도로 가족에게는 인자하셨다.

매일 아침 눈을 뜨면 할아버지는 초등학생인 나를 보며 "우리 치은 씨는 잘 잤나?"라고 인사를 건네셨다. 나이와 상관없이 집안 식구를 부를 때면 반드시 이름 뒤에 '씨'를 붙이며 상대를 존중해주셨다. 물 한잔도 누구에게 부탁하지 않고 손수 가져다 드실 정도로 타인에 대한 배려와 매너를 가진 분이었다.

할아버지가 돌아가시기 전까지 함께 방을 썼는데, 지금도 밤마다 이부자리에 누워 도란도란 나눈 이야기가 선명하게 떠오른다.

"치은 씨, 항상 감사한 마음을 가져야 돼."

"왜요?"

"그럼 감사한 일이 생겨."

"……?"

"치은 씨, 항상 베풀어야 돼."

"왜요?"

"베풀면 항상 열 배 이상으로 돌아와."

"……?"

"치은 씨, 삼척동자한테도 배울 줄 알아야 해."

"왜요?"

"나이가 적든 많든, 남자든 여자든 그 어떤 사람에게도 배울 점은 있어."

지금은 그 말씀의 의미가 무엇인지 누구보다 잘 알지만 당시 초등학생인 나는 그저 고개를 갸웃할 뿐이었다.

삼척동자에게도 배울 게 있다

사무실 테이블에 앉아 메모하고 있는데, 가만히 이 모습을 바라보고 있던 신입사원이 다가와 말했다.

"대표님, 다 좋은데 고치실 게 하나 있습니다."

"뭔데?"

"너무 악필이에요. 글씨 연습을 하면 계약서 쓸 때 더 멋있을 것 같아요."

평소 악필인 건 알고 있었지만 고칠 생각까지는 하지 못했다. 이 기회가 아니면 또 언제 글씨체를 고칠까 싶어 바로 글씨 교정 교본을 구매했다. 퇴근해서 밤마다 책상에 앉아 초등

학생처럼 가나다라를 써 내려갔다.

　한 달 정도 연습한 뒤 그 친구를 내 방으로 불렀다. 백지에 또박또박 글씨를 써 내려가며 "어때?" 하고 물으니 "이제 좀 봐줄 만합니다"라며 엄지를 척 세워주었다. 그 짧은 시간에 악필이 명필로 바뀌지는 않는다. 이전 보다 조금 나아지긴 했지만 객관적으로 봐도 여전히 못 쓰는 글씨다. 그럼에도 그 친구가 엄지를 척 세워준 이유는 자신의 말을 존중해준 것에 대한 고마움의 표시였다고 생각한다.

　한 직원과 점심을 먹을 때의 일이다. 평소 대화를 나눌 시간이 없다 보니 급한 마음에 밥을 먹으며 이것저것 물어보았다. 그런데 잠시 침묵을 지키던 직원이 이렇게 말했다.

　"대표님, 죄송한데 식사하면서 이야기는 안 했으면 좋겠습니다. 밥 먹으면서 말하는 건 예의가 아닌 것 같아요."

　생각지도 못한 지적에 정신이 번쩍 들었다.

　"이런! 밥 먹을 때 이야기하는 건 예의가 아닌데, 정말 미안하다."

　그 친구 덕분에 바른 매너 하나를 장착할 수 있게 되었다.

성격이 급하고 다혈질인 탓에 다소 쏘아붙이듯 이야기하는 버릇이 있다. 예민함이 극에 달하는 현장에서는 이런 기질이 더 도드라진다.

그러던 어느 닐 한 직원이 다기외 조심스럽게 이야기를 꺼냈다.

"대표님, 말씀을 좀 부드럽게 해주시면 좋겠어요. 대표님과 말할 때마다 너무 긴장돼서 심장이 떨려요."

또 아차 싶었다.

"용기 내서 말 잘했네. 그래 알았어. 앞으로는 좀 더 부드럽게 말하려고 노력할게."

그렇다고 하루아침에 사람이 달라지진 않는다. 여전히 욱하고, 화내고, 거친 표현을 서슴없이 하는 것도 사실이다. 그렇지만 급발진 신호가 올 때마다 브레이크를 잡으려고 노력은 하고 있다.

삼척동자에게도 배울 게 있다던 할아버지의 말씀이 맞다. 나이와 경력, 언류과 상관없이 나를 성장시키는 스승이 너무도 많다.

그래서 나는 할아버지에게서 물려받은 이 소중한 정신적 유산을 아들에게도 그대로 물려주고 싶다.

무엇과도 바꿀 수 없는 위대한 유산

아이가 말귀를 알아듣는 순간부터 "아들, 감사한 마음을 가지면 감사할 일이 생겨. 존중받고 싶으면 먼저 상대방을 배려하고 존중하면 돼. 그럼 너도 자연스럽게 존중받게 될 거야"라는 말을 기도처럼 했다. 어린 시절부터 귀에 딱지가 앉도록 말한 덕분인지 요즘은 아이에게 역으로 잔소리를 듣는다.

"아빠, 내가 로봇 조립하는 거 도와 달라고 했는데 안 해줬잖아. 오늘은 아빠가 나를 존중 안 하는 것 같은데? 이게 나를 존중하는 거야?"

"미안! 아빠가 우리 아들 존중하는데, 오늘은 너무 바빠서 못 했어."

"아빠, 존중을 제대로 해야지."

"응, 미안!"

외식할 때도 "이렇게 맛있는 걸 먹을 수 있는 것은 정말 감사한 일이야. 감사한 마음으로 맛있게 먹자"라고 이야기를 했더니 요즘은 아이가 먼저 "아빠, 우리가 이렇게 맛있는 걸 먹을 수 있는 건 정말 감사한 일이야"라고 말한다.

아들에게 가장 물려주고 싶은 유산이 바로 이것이다. 감사한 마음으로 세상을 바라보는 시선, 상대를 배려하는 마음, 사람을 존중하는 애티튜드, 즉 매너다. 그 무엇과도 바꿀 수 없는 위대한 유산을 남겨주신 할아버지께 다시 한번 감사함을 전하고 싶다.

자신을 가장 많이 닮은 손주 녀석이 당신처럼 스스로에게 인색한 삶을 살까 봐 걱정하셨던 걸까. "우리 치은 씨는 맛있는 거 많이 먹고, 좋은 곳도 많이 가고 그러면서 살았으면 좋겠네"라는 할아버지의 마지막 말씀을 기억하며 오늘도 열심히 살아가려고 한다.

디킹

1판 1쇄 인쇄 2023년 3월 28일
1판 1쇄 발행 2023년 4월 17일

지은이   박치은
펴낸이   김수연
마케팅·영업   김수현
교정   김미경
디자인   엘리펀트스위밍

펴낸곳   도서출판 다크호스
출판신고   제2022-000189호
주소   경기도 고양시 일산서구 대산로 123 현대플라자 3층
전화   070-8983-5827
팩스   0504-254-6022
전자우편   dark_2023@naver.com